Fang einfach an!

Wie mir meine Freundin den Buddhismus erklärt

Irmgard Kirchner
Santacitta Bhikkhuni

Fang einfach an!

Wie mir meine Freundin den Buddhismus erklärt

Mit einem Vorwort von Jetsunma Tenzin Palmo

edition steinrich

MIX
Papier aus verantwortungsvollen Quellen
FSC® C110508
www.fsc.org

Bibliografische Information der Deutschen Bibliothek:
Die Deutsche Bibliothek verzeichnet diese Publikation in der Deutschen Nationalbibliografie; detaillierte bibliografische Daten sind im Internet über http://dnb.ddb.de abrufbar.

www.edition-steinrich.de

Umschlaggestaltung: Grafikbüro Schadenberg Berlin, unter Verwendung eines Fotos von Emanuel Aeneas Megersa
Illustrationen im Innenteil: Nikkolo Feuermacher
Gestaltung und Satz: Traudel Reiß
Druck: Westermann Druck Zwickau
Printed in Germany

ISBN 978-3-942085-83-0

Für Maria, Karl, Helga und Josef,
unsere Eltern in diesem Leben

Inhalt

VORWORT

von Jetsunma Tenzin Palmo

Die Ehrwürdige Santacitta Bhikkhuni hat mich gebeten, ein Vorwort für dieses Buch zu schreiben, obwohl es in Deutsch geschrieben ist, einer Sprache, die ich nicht beherrsche. Aufgrund meiner langjährigen Freundschaft und meines tiefen Vertrauens zu ihr, empfehle ich hiermit ein Buch, das ich nicht lesen kann!

Auch wenn der Buddhismus im Westen mittlerweile immer beliebter und bekannter geworden ist, besteht weiterhin ein Bedarf an Büchern, die die grundlegenden Dharma-Prinzipien auf interessante und informative Weise erklären. Viele buddhistische Bücher sind zu technisch und komplex für jene, die einen Einstieg suchen. Es werden Texte gebraucht, die zugänglich und auch für unsere heutige Zeit relevant sind. Dem vorliegenden Buch liegen Gespräche zwischen zwei langjährigen vertrauten Freundinnen zugrunde, und es behandelt viele Themen, die ein Standardwerk über Buddhismus nicht abdecken würde. Ein interessantes, hilfreiches Buch lesen wir mit Begeisterung und können die Informationen mühelos erfassen.

Die Ehrwürdige Santacitta hat viele Jahre mit formeller Meditationspraxis verbracht. Sie lehrt Buddhismus in Europa und den Vereinigten Staaten und kennt die Schwierigkeiten gut, mit denen unsere heutige Gesellschaft konfrontiert ist.

Ausgebildet als Nonne in einem männlich dominierten klösterlichen Umfeld, hat sie im Laufe der Jahre selbst viele Herausforderungen bewältigen müssen.

Der Buddhismus ist eine Wissenschaft des Geistes und geht davon aus, dass wir wie durch eine Linse die Wirklichkeit in verzerrter Form erleben und dass dies unsere Probleme und unsere Unzufriedenheit verursacht. Es wird uns gezeigt, wie wir unser Bewusstsein transformieren und echtes Glück erlangen können, ein Glück, das nicht von äußeren angenehmen Umständen abhängt. Der Schlüssel ist die eigene Geisteshaltung. Schritt für Schritt führt der Weg zu mehr Frieden und Verständnis, zu mehr Freundlichkeit und Mitgefühl und zu der tiefen inneren Freude der Freiheit. Wir müssen den Weg selbst gehen. Aber hier ist eine gute Anleitung für die Reise!

Jetsunma Tenzin Palmo
Dongyu Gatsal Ling
Januar 2022

Einleitung

Die Grundlage dieses Buches sind stundenlange Gespräche und vor allem über vierzig Jahre Freundschaft. Meine Freundin Sylvia habe ich im Alter von neunzehn Jahren in Wien kennengelernt. Heute ist sie Santacitta Bhikkhuni. Wenn man sie formell mit dem Namen anspricht, wird die Anrede »Ehrwürdige«[1] vorangestellt. Aus der extravaganten Studentin der Kulturanthropologie und Tanztheater-Darstellerin ist eine international tätige und renommierte buddhistische Lehrnonne und Klostergründerin geworden, aus mir eine Journalistin, deren Arbeitsmotivation sich aus Begegnungen und Gesprächen mit Menschen nährt.

Als Freundinnen haben wir einander über all die Jahre nicht aus den Augen verloren, auch wenn sich unsere Lebenswege unterschiedlich entwickelt haben. In Begegnungen und regelmäßigen Gesprächen per Telefon oder online haben wir uns über alle die Jahre ausgetauscht und es sehr genossen, weltliche und spirituelle Sicht auf die Dinge zu kombinieren. Arbeit, Beziehungen, männliche Dominanz, Trennung und Neubeginn, Schwierigkeiten und Erfolge gibt es im weltlichen wie im klösterlichen Leben, wenn sie auch unterschiedlich gewertet werden.

Santacitta Bhikkhuni engagiert sich in ihrer internationa-

1 Pali: Ayya.

len Lehrtätigkeit im Besonderen für die Klimabewegung, für Frauen und Diversität. Auch in diesen Bereichen, die beiden, der Nonne und der Journalistin, wichtig sind, können sich die weltliche und die spirituelle Sicht decken oder ergänzen. Der Dialog zwischen uns ist also schon seit vielen Jahren gut eingespielt.

Dabei hat sich im Laufe der Zeit auf meiner Seite als Fragende eine gewisse Verschiebung eingestellt: Habe ich anfangs den Lebensweg von Santacitta Bhikkhuni mit großem, auch skeptischem Staunen mitverfolgt, so ist angesichts ihrer Entwicklung und auf Grund von eigenen Erfahrungen mit Meditation mein Interesse am Buddhismus gewachsen. Ein mehrmonatiger Aufenthalt von Santacitta Bhikkhuni in Österreich hat mir die Möglichkeit geboten, ihr einmal all die Fragen zu stellen, die mich brennend interessieren. Niemals hätte ich als Privatperson oder als Journalistin einer anderen buddhistischen Lehrerin oder einem Lehrer solche Fragen stellen können. Und niemand anderem als mir hätte Santacitta Bhikkhuni diese Fragen auf diese Weise beantwortet.

Santacitta Bhikkhuni hat nach einer intensiven klösterlichen Ausbildung ihre Linie verlassen, eine traditionelle und international bekannte Übertragungslinie der Theravada-Waldtradition des Buddhismus. In dieser Linie wird Frauen bis heute die volle Ordination als Bhikkhuni verweigert. In Kalifornien hat Santacitta Bhikkhuni ein buddhistisches Frauenkloster mitgegründet. Dieser Schritt war nicht nur für sie selbst als Mensch einschneidend. Er ist auch für die Stellung von Frauen in der buddhistischen Welt von Bedeutung.

Den folgenden Gesprächen mit Santacitta Bhikkhuni ist ein Interview mit Ute Hüsken, Professorin für Kultur- und Religionsgeschichte Südasiens an der Universität Heidelberg, nachgestellt. Dieser kurze Text dient der Einordnung der modernen Bhikkhuni-Ordination und kann zur Einführung vorab gelesen werden.

Die Gespräche, aus denen dieses Buch entstanden ist, wurden im Herbst 2021 in Wien und in einem kleinen Dorf in Ungarn auf Deutsch geführt. Die intensive inhaltliche Auseinandersetzung fand innerhalb eines kurzen Zeitraums statt. Bei jedem Gespräch konnte an das vorangegangene angeknüpft werden. Das vorliegende Buch folgt dadurch einem vielleicht nicht auf den ersten Blick erkennbaren roten Faden. Manche Fragen führen zu Antworten, die scheinbar keine Antwort auf die Frage sind. Manche Themen tauchen mehrfach auf und werden je nach Zusammenhang unterschiedlich besprochen. Einzelne Fragen bleiben unbeantwortet, weil sie aus buddhistischer Sicht unbeantwortbar sind. Das Ergebnis dieser Gespräche ist ein einzigartiges Gewebe aus Gedanken, persönlichen Erfahrungen und buddhistischen Lehrinhalten. Für mich wurde dadurch erhellt, was gelebter Buddhismus bedeutet und bewirken kann.

Irmgard Kirchner

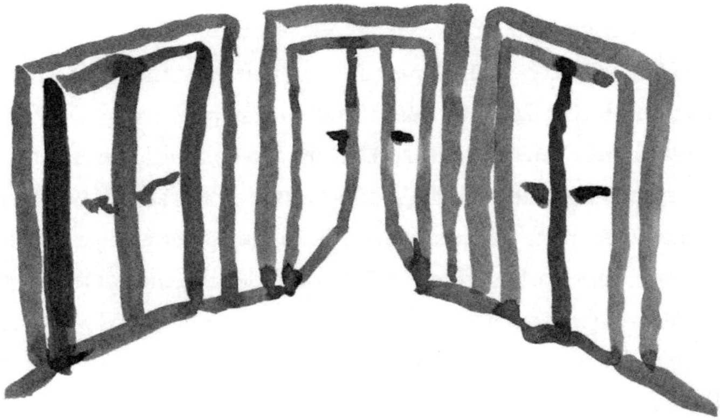

Weit geöffnete Türen

Du bist seit über dreißig Jahren Buddhistin. Wie bist du zum Buddhismus gekommen? Wie siehst du deinen Weg zum Buddhismus heute aus einer reifen Sicht?
In den 1980er Jahren habe ich in Wien gelebt – wir beide haben uns da bereits gekannt – und war, rückblickend gesehen, ziemlich orientierungslos. Ich habe zwar im Serapionstheater[2] gearbeitet und Kultur- und Sozialanthropologie studiert, zwei Aufgaben, die mir sehr viel bedeutet haben. Aber etwas, das ich nicht wirklich verstand, hat mir trotz dieser interessanten Lebensumstände zutiefst gefehlt. Damals habe ich regelmäßig Haschisch geraucht und meine Beziehungen mit Männern waren im Großen und Ganzen nicht wirklich erfüllend.

Ich habe nach irgendetwas gesucht, nach einer Richtung, die meinem Leben Stabilität geben würde. Dabei hatte ich nicht das Gefühl, es müsse etwas Einfaches sein, aber etwas Sinnvolles, was auch immer das sein möge. Etwas, das zu mehr Weisheit und Harmonie mit den Dingen führt, so, wie sie wirklich sind. Damals hätte ich das allerdings nicht so ausdrücken können.

2 Das Serapionstheater, eine avantgardistische international erfolgreiche Theatergruppe, wurde 1973 von Ulrike Kaufmann und Erwin Piplits in Wien gegründet und betreibt bis heute eine eigene Spielstätte; www.odeon-theater.at.

Als Teenager bin ich mit meinen Eltern einige Male nach Afrika gereist. Dort habe ich gesehen, wie die Massai leben. Damals hatte ich den Eindruck, dass diese Menschen mehr mit der Wirklichkeit in Kontakt sind als die Angehörigen meiner Kultur. In ihrer Art und Weise zu sein wirkten sie auf mich viel weniger gekünstelt als die Menschen, die ich bisher gekannt hatte. Das hat mich fasziniert und ich habe gehofft, dass die Kultur- und Sozialanthropologie, das Fach, das ich später an der Universität studiert habe, mich dieses Wissen lehren kann.

Es hat sich für mich jedoch bald herausgestellt, dass es sich dabei um eine Wissenschaft handelt, der es damals vor allem darum ging, Menschen aus anderen Kulturen zu beobachten, wie sie ihr Leben meistern, und dann zu vergleichen und zu bewerten. Da waren keine wirklichen Antworten für mich zu holen und mein ursprüngliches Interesse begann, wieder abzuklingen.

Du warst schon früh auf der Suche?

Ja. Als Kind war ich mehrmals mit meinem Bruder in einem Zeltlager im ehemaligen Jugoslawien. Dort waren Kinder aus vielen Ländern, die nicht deutsch gesprochen haben. Bereits damals wurde mir klar, dass ich einmal woanders hinmuss, wo nicht meine Muttersprache gesprochen wird, dass ich an vielen verschiedenen Plätzen weit weg von meiner Heimat leben und etwas lernen werde. Aber was es sein würde, war mir natürlich nicht klar.

Du hast also ein Weisheitssystem für dich gesucht?
Ja, irgendeines, egal welches. Nur das Christentum, das einzige System, mit dem ich etwas Erfahrung gehabt habe, hat mich nicht angesprochen, obwohl ich gute Erinnerungen an meine Zeit im Kindergarten bei Klosterschwestern habe. Als heranwachsendes Kind bin ich immer wieder in die Kirche gegangen. Die war gleich hinter unserem Haus. Mir haben die Rituale gefallen und man konnte dort auch die Buben treffen. Die Heiligenstatuen in der Kirche mit ihren langen, wallenden goldenen Gewändern haben mich fasziniert. Ich wollte solche Leute in der Wirklichkeit treffen. Als traditionell gläubig habe ich mich jedoch nicht erlebt. Aber die Darstellungen von Menschen, die verwirklicht sind, haben mich schon damals zutiefst beeindruckt.

Was heißt verwirklicht und hast du damals schon eine Vorstellung davon gehabt?
Verwirklicht heißt so viel wie geheilt, geheilt von Ignoranz, von Verblendung. Heilig und geheilt hat dieselbe sprachliche Wurzel. Ich war damals schon überzeugt, dass es solche Menschen gibt und dass es Systeme gibt, mit denen man diesen Heilungsprozess herbeiführen kann, der jemanden zum sogenannten Heiligen oder zur Heiligen macht. Ich wusste nur noch nicht, wo man solche Leute finden kann.

Der nächste Hinweis kam von den Massai: der intuitive Eindruck, dass sie etwas wissen und leben, was in meiner Kultur verloren gegangen ist. Lange Zeit hatte ich die romantische Vorstellung, dass Menschen, die einfach und außerhalb der westlichen Konsumkultur leben, automatisch weise sind. Von dieser Vorstellung bin ich allerdings geheilt worden, als ich 1988 im Süden Thailands ein Jahr lang mit einer Familie muslimischer Fischer auf einer kleinen Insel gelebt habe.

Ich erinnere mich, dass du dort eine Feldforschung für dein Studium der Kultur- und Sozialanthropologie machen wolltest.
Es war eine Mischung aus mehreren Beweggründen. Ich habe die Situation romantisiert – wie es Kulturanthropologinnen und Kulturanthropologen am Anfang oft machen – und wollte tief in die Kultur eintauchen und eine von ihnen werden. Und dann war ich auch verliebt in einen jungen Mann, den ältesten Sohn der Fischerfamilie, mit der ich gelebt habe. Er ist später an Drogen gestorben.

Hast du auch bei diesen Leuten geglaubt, dass sie näher an der Wahrheit sind?
Ja. Und es hat sich mir kristallklar gezeigt, dass das überhaupt nicht stimmt. Ich bin dahintergekommen, dass mein Geliebter drogenabhängig ist. Er hat versucht, seine Sucht vor mir zu verstecken. Da bin ich aufgewacht. Mir ist klargeworden, dass diese Menschen auch dieselben Entwicklungsstadien durchgehen wollen wie wir in den reichen westlichen Ländern. Sie sind noch nicht ernüchtert, was Konsum und sogenannten Fortschritt betrifft. Das ist ein späteres Stadium in einem Entwicklungsprozess, und diese Einsicht hat meine Projektionen zu einem gewissen Grad entzaubert.

Ich bin in einer eher wohlhabenden Familie aufgewachsen und habe vieles machen können, was ich machen wollte. Heute kann ich sagen, dass ich sogar zu wenig Anleitung von meinen Eltern bekommen habe. Mir hat selten jemand gesagt, was ich zu machen habe, abgesehen von meiner ersten Ausbildung. Ich habe eine angesehene private Hotelfachschule besucht. Und danach eine noch teurere, in der ich Matura machen konnte. Meine Absicht war jedoch nie, im Hotel meiner Eltern zu arbeiten, sondern Kultur- und Sozialanthropologie zu studieren.

Das hast du damals schon gewusst?
Ja. Ich wollte an ein Weisheitssystem andocken. Da hat es mich stark hingezogen und es gab da noch ein Schlüsselerlebnis. Ich war mit einem Freund im Salzkammergut wandern. Tief in einem Wald tauchte unerwartet eine Lichtung mit einem großen Herrenhaus auf. Die Türen standen offen und wir sind reingegangen. Vermutlich war das Haus Sitz einer Freimaurerloge. In einem riesigen Saal stand ein langer Tisch mit Sesseln, so, wie in Filmen ein Rittersaal dargestellt wird. Im Raum aufgehängt waren für mich seltsame magische Objekte. Auf jeden Fall war es faszinierend. Dann ist jemand gekommen und wir haben uns wieder davongeschlichen.

Und wieder war mir bewusst: Ja, es gibt solche Weisheitssysteme und ich möchte mich mit einem solchen verbinden. Gleichzeitig wollte ich nicht eingreifen, sondern den Wunsch weiter in mir nähren und schauen, wo es mich hintreibt. Als dann 1986 meine Mutter bei einem Reitunfall gestorben ist, habe ich gefühlt, dass wirklich Eile geboten ist. Mit ihrem Tod wurde mir die Prägung meiner weiblichen Verwandtschaftslinie plötzlich extrem bewusst. Die Frauen meiner Ahnenlinie auf väterlicher und auf mütterlicher Seite haben das gleiche Muster: Sie haben an der Seite von starken Männern nie wirklich ihr eigenes Potential entwickelt. Meine Mutter war sehr schön und erschien mir zufrieden, solange sie jung war. Mit Beginn der Menopause und als sich ihre Schönheit zu verändern begann, hat sie eine Depression entwickelt. Sie starb mit 48 Jahren, kurz nach ihrer eigenen Mutter.

Ich war damals 28 Jahre alt und die nächste in der Reihe der Frauen meiner Familie. Die psychische Belastung, die zu diesem Zeitpunkt auf mich übergesprungen ist, empfand ich als bedrohlich und sie hat mir wirklich Angst gemacht. Meine Mutter hatte unter anderem Schlafmittel und Antidepressiva genommen – etwas, das ich auf keinen Fall machen wollte. Ich habe mit Sicherheit gewusst, dass es andere Wege gibt, mit solchen Situationen umzugehen, auch wenn sie nicht unbedingt leicht sind.

Meine Mutter hat mir etwas Geld vererbt. Eine Freundin von mir ist 1987 zu einer Weltreise aufgebrochen. Ich hatte gerade etwas Zeit zwischen zwei Theaterproduktionen und habe Hals über Kopf entschieden, sie die ersten drei Monate zu begleiten. Vier Tage später war ich in Bangkok. Sofort beim Aussteigen aus dem Flugzeug spürte ich eine Resonanz zu diesem Land. Ich habe zwar nicht gewusst, was ich suche, aber ich habe gefühlt, dass ich dem jetzt näherkomme. Dass es eine Religion werden würde, kam mir damals überhaupt nicht in den Sinn. Ich habe buddhistische Tempel gesehen und buddhistische Mönche und Nonnen. Interessant, habe ich mir gedacht – aber nicht mehr.

Dann sind wir nach Myanmar weitergereist. Vor dreißig Jahren hat man dort nur wenige Reisende aus dem Westen getroffen. Das Land war noch nicht offen. Es gab keine westlichen Konsumgüter und der Aufenthalt war auf eine Woche begrenzt. Wir sind wirklich viele Jahre in der Zeit zurückgereist. Während einer Zugfahrt von Mandalay in die Hauptstadt Rangoon habe ich auf einem Bahnsteig zwei buddhistische Mönche gesehen. Alle Menschen ringsum haben sich vor ihnen verbeugt und sich in den Schmutz auf dem Boden geworfen. Das müssen wohl sehr hoch angesehene Mönche sein, habe ich gedacht, fasziniert und schockiert zugleich. Dann haben die beiden Mönche in unserem Waggon in Sichtweite Platz genommen. Es war Mai und sehr heiß und stickig. Überall, auch auf dem Zugdach, wimmelte es von Leuten. Es war ein unglaubliches Chaos. Die beiden Mönche hatten Fächer und saßen stundenlang ruhig und gelassen da, anders als alle anderen Reisenden.

Ich habe immer wieder zu ihnen hinübergeschaut und mich gefragt: Was wissen die, dass sie so ruhig sein können inmitten all dieser Herausforderungen? Für alle anderen Leute, mich eingeschlossen, war die Hitze schier unerträglich. Diese Mönche so ausgeglichen zu erleben hat sich tief in mein Bewusstsein eingeprägt.

Wir sind dann wieder nach Südthailand zurückgefahren. Dort habe ich den jungen Fischer kennengelernt, in den ich mich verliebt habe. Ein Jahr später bin ich wieder nach Thailand zurückgekehrt, um im Kreise seiner Familie eine Feldforschung zu beginnen.

Wann und wie bist du mit dem Buddhismus wirklich in Kontakt gekommen?
Während meines Aufenthalts bei der Fischerfamilie bin ich einmal auf eine andere Insel zum Einkaufen gefahren. Dort, in Südthailand, ungefähr vier Fahrstunden von der Grenze zu Malaysia entfernt, in der Nähe von Surat Thani, sehe ich an der Busstation einen jungen Mann, ganz in Weiß gekleidet mit geschorenem Kopf. Ich war neugierig und habe ihn angesprochen. Es stellte sich heraus, dass er Österreicher war und zwei Jahre vor mir dieselbe Hotelfachschule in Salzburg besucht hatte. Auf meine Frage, was er macht und warum er so aussieht, hat er mir erklärt, dass er in einem Kloster in der Nähe lebt. Wat Suan Mokkh, das Kloster von Ajahn Buddhadasa[3], war nur ein paar Kilometer entfernt. Er hat mir empfohlen, einmal hinzufahren.

Damals wusste ich nicht, wie berühmt Ajahn Buddhadasa in Thailand ist. Trotzdem habe ich mein Ticket für die Weiterreise zurückgegeben, mir ein Taxi genommen und bin zu diesem Kloster gefahren. Ich wollte mir das einmal anschauen und habe mir gesagt, dass ich ja jederzeit wieder abreisen kann. Drei Tage nach meiner Ankunft im April 1988 hat eines der monatlichen Meditationsretreats begonnen. Sie fanden auf

3 Ajahn Buddhadasa (1906–1993) ist einer der einflussreichsten Mönche der buddhistischen Theravada-Tradition im 20. Jahrhundert gewesen.

Englisch und regelmäßig vom ersten bis zum zehnten jedes Monats statt. Ich war überzeugt, dass ich mich nach drei bis vier Tagen wieder durch die Hintertüre davonstehlen würde.

Alles war extrem einfach und karg. Ich hätte mir nicht gedacht, dass ich es überhaupt schaffen kann, zehn Tage lang auf Beton auf einer dünnen Matte zu schlafen und um vier Uhr morgens aufzustehen. Wir haben nach einem fixen Stundenplan meditiert und Unterweisungen auf Englisch erhalten. Gewaschen haben wir uns an einem großen Becken, indem wir Wasser mit einem kleinen Gefäß über den Körper schütteten, wie die Menschen im ländlichen Asien das machen. Mir hat dieses einfache Leben sehr gut gefallen. Es fühlte sich so an, als hätte ich das alles früher schon einmal gemacht.

Ajahn Buddhadasa hat mich an die Mönche erinnert, die ich ein Jahr vorher im Zug in Myanmar gesehen hatte. Da habe ich mir gedacht, der weiß, wie man so wird wie diese Mönche, und bin geblieben. In den ersten drei Wochen, in denen ich begonnen habe zu meditieren, sind viele fremdartige Bilder aus meinem Unterbewusstsein aufgestiegen. Erst später wurde mir klar, dass das Bilder aus der Vajrayana-Tradition des Buddhismus waren, Bilder von Ritualen und Tänzen in einer Höhle.

Nach meiner Rückkehr aus dem Kloster ins Fischerdorf habe ich viel Yoga gemacht und diese Bewegungen aus meinem Unterbewusstsein ausgeführt, bis die Bilder bald wieder verschwunden sind. In diesen ersten drei Wochen ist wirklich ganz viel in mir hochgekommen. Manchmal ist auch ein Bild von einem tibetischen Lehrer aufgeblitzt. Ich dachte, dass es irgendwann klar werden wird, wer mein tibetischer Lehrer ist.

Zu diesem Zeitpunkt wollte ich einfach in Wat Suan Mokkh in der Nähe von Ajahn Buddhadasa bleiben. Es war mehr als genug, was damals in meinem Geist abgelaufen ist.

Ich habe mir die Unterweisungen angehört. Mein Englisch war damals nicht besonders gut und Thai habe ich überhaupt noch nicht gesprochen. Trotzdem habe ich einiges verstanden. Es waren Aha-Erlebnisse in dem Sinne: Es gibt Begriffe für das, was ich vage gefühlt habe! Es gibt sogar eine ganze Lehre dazu und die heißt Buddhismus. Plötzlich hat vieles in meinem Denken und in meinem Leben zusammengepasst. Es war, als ob ein brachliegender Teil meines Systems plötzlich mit Energie versorgt würde. Ich habe sehr wenig Zweifel gehabt, so als hätte ich mich früher schon viel mit dieser Lehre beschäftigt. Am überzeugendsten war für mich die Präsenz von Ajahn Buddhadasa.

In den folgenden Jahren bin ich immer wieder in dieses Kloster zurückgekehrt und habe viele dieser Zehn-Tages-Retreats gemacht. Später habe ich auch mitgeholfen. Seit meinem ersten Retreat wollte ich in der Nähe des Klosters sein, aber nicht im Kloster leben – das kam erst später.

Ich erinnere mich, dass du in dieser Zeit auch traumatisierende Erfahrungen gemacht hast.

Mein Freund, der junge muslimische Fischer, ist an seinem Drogenmissbrauch gestorben. In meinen Armen! Wir sind in ein Akha-Dorf in den Bergen im Norden Thailands gereist. Die Akha gehören zu den traditionellen Gemeinschaften, die in Thailand Hilltribes genannt werden. Ich wollte weg von der Insel und den großen Städten, wo er sich Drogen kaufen konnte.

Wir waren etwa eine Woche in dem Dorf, dann ist mein Freund an einer Überdosis Opium, in Kombination mit seinen Entzugsmedikamenten, gestorben. Ich bin mit Polizisten und der Leiche meines Freundes in einem Jeep in der Nacht durch den Wald in die Provinzhauptstadt Chiang Mai hinuntergefahren. Unten in der Stadt musste ich in einer Pension warten, bis die Eltern meines Freundes aus Südthailand angereist waren, um seine Leiche abzuholen. Und dann bin ich in meiner Verwirrung auf der Straße mit einem Motorrad zusammengekracht. Es war wirklich eine unmögliche Situation: Mein Unterschenkel war gebrochen. Die Eltern meines Freundes haben mich ins Spital gebracht und eine Verwandte aufgetrieben, die mich begleitet hat. Nach der Operation wollte ich so schnell wie möglich wieder zurück nach Österreich und überprüfen lassen, wie die Behandlung gelaufen war – und wie sich später herausgestellt hat, war sie tadellos.

Als ich so weit war, meine Rückreise nach Österreich zu organisieren, erinnerte ich mich an ein Reisebüro am Hafen, das von einem tüchtigen Mann geleitet wurde, einem Hansdampf in allen Gassen, der mir alles Nötige besorgen würde. Dieser Bekannte sollte später mein Ehemann werden, was mir damals überhaupt nicht in den Sinn gekommen ist. Ich stand unter Schock. Zwei Jahre zuvor war meine Mutter gestorben, dann mein Freund und jetzt das Fiasko mit dem Unfall. Mein Bekannter hat mich gegen Bezahlung mit meinem ganzen Gepäck und den Krücken zum Flugzeug gebracht. Beim Abschied habe ich mich bedankt und gesagt, dass er mich besuchen könne, wann immer er in Europa ist.

Bereits wenig später ist er bei mir in Österreich aufgetaucht. Ich wollte unbedingt wieder nach Thailand zurück, was ich mir zu diesem Zeitpunkt allein aber nicht zugetraut habe. Ins Kloster wollte ich nicht gehen, ich wollte keine Nonne werden, aber ich wollte in der Nähe des Klosters sein. Ich hatte idealistische Vorstellungen, wie ich meinen Hintergrund von Hotelfachschule und Kultur- und Sozialanthropologie am besten nutzen könnte. Außerdem war ich in den frühen 1980er Jahren Mitbegründerin eines der ersten ökologischen Gruppenwohnprojekte etwas außerhalb von Wien[4] gewesen.

Ich wollte ein Öko-Ressort auf einem Stück Land der Fischerfamilie aufbauen und damit faire Arbeitsplätze für Leute schaffen, die schwer Arbeit finden oder nur die niedrigsten Arbeiten verrichten. Wie etwa die Chao Le, das ist eine Gruppe von Menschen in Südthailand, die auch als Sea Gypsies bezeichnet werden. Sie besitzen kein Land und ziehen im Rhythmus der Jahreszeiten von Insel zu Insel.

Mein thailändischer Bekannter war Manager eines Reisebüros und Restaurants. Ich dachte, dass ich mit ihm zusammenarbeiten könnte, und so habe ich mich auf diese seltsame Liebesgeschichte eingelassen. Dass er kriminell war, habe ich damals noch nicht gewusst. Nach meiner Rückkehr nach Thailand im Jahr 1989 habe ich als Lokalrepräsentantin eines österreichischen Reisebüros in verschiedenen Luxushotels

4 Ökotopisches Zentrum in Maria Lanzendorf, Niederösterreich.

gearbeitet. Meinem Freund hat das gefallen, er war ein Lebemann, der ständig über seine Verhältnisse lebte, wie ich erst später herausgefunden habe. Für mich war es eine unglückliche Zeit. Ich habe unter Depressionen gelitten und mit schlimmen psychischen Zuständen gekämpft. Ich habe gewusst, ich muss ins Kloster, aber noch war ich nicht so weit. Wenn ich heute an diese Zeit zurückdenke, bin ich damals durch einen tiefen inneren Umstrukturierungsprozess gegangen. Meine wirklichen Prioritäten wurden mir immer mehr bewusst und ich wusste, dass ich mein Leben danach ausrichten muss.

Rückblickend kann ich sagen, dass ich zwar gute Ideen hatte, aber dass es mir an der charakterlichen Reife gefehlt hat, sie auch umzusetzen. Meinen Freund und erhofften Geschäftspartner habe ich dann sogar geheiratet, auch um einen einfacheren Zugang zu einem Langzeitvisum für Thailand zu haben. Er hat sich jedoch als Mitglied der thailändischen Tourismusmafia entpuppt. Ich war damals einfach viel zu unerfahren und hatte keine Ahnung von Kriminalität. Nach der Hochzeit ist mir gedämmert, dass da einiges faul ist mit meinem thailändischen Ehemann.

Glücklicherweise war ich finanziell unabhängig von ihm. Immer wieder habe ich mich ins Kloster von Ajahn Buddhadasa zurückgezogen. Mein Mann hat mich von dort abgeholt und gebeten, ich solle zurückkommen, er werde sich ändern – was aber nie geschehen ist.

Das klingt schon verrückt, wie hast du als gebildete und unabhängige Frau das alles ausgehalten?
So kompliziert und chaotisch mein Privatleben war, so einfach hatte ich es im Kloster. Ich wollte nicht ein Retreat nach dem anderen besuchen. Ich wollte ein eigenes Haus in Wat Suan Mokkh haben und dort leben. Eine Brasilianerin, die ich im Kloster kennengelernt habe, hat mich einmal in ein anderes buddhistisches Kloster mitgenommen. Dort hat mir der Abt sofort einen eigenen Kuti, ein kleines Haus zum Meditieren und Schlafen, angeboten und versichert, dass er mich unterrichten würde. Ich wollte allerdings bei Ajahn Buddhadasa bleiben, ich spürte eine sehr starke Verbindung mit ihm. Aber das Angebot hat mir Mut gemacht. Zu diesem Zeitpunkt war Ajahn Buddhadasa nicht mehr Abt von Wat Suan Mokkh, dazu war er schon zu alt. Ich bin zum Abt, Ajahn Bo, gegangen und habe ihm von dem anderen Kloster und dem angebotenen Kuti erzählt und betont, dass ich lieber in der Nähe von Ajahn Buddhadasa bleiben möchte – aber nur bleibe, wenn ich hier auch einen Kuti haben kann. Noch dazu habe ich mir einen bestimmten Kuti gewünscht, neben dem Kuti einer ehemaligen Universitätsprofessorin, die im Kloster die Nummer zwei unter den Lehrenden nach Ajahn Buddhadasa war. Innerhalb von ein paar Stunden habe ich den Schlüssel für den gewünschten Kuti bekommen. Es war ein großes, wunderschönes altes Haus aus Holz mit einem Obergeschoß zum Meditieren.

Weil ich mich für die erwiesene Großzügigkeit im Kloster erkenntlich zeigen wollte, bin ich in die Küche gegangen und habe gefragt, ob ich mitarbeiten kann. Jeden Tag um vier Uhr in der Früh bin ich dort aufgetaucht und habe zwei bis drei Stunden gearbeitet. Dadurch konnte Ajahn Buddhadasa sehen, dass es mir gut geht, weil mich ja die Frauen in der Küche jeden Tag gesehen haben. Bei den Retreats war ich nicht mehr oft dabei. Mir war klar, dass ein intensiver Prozess vor mir lag, den ich allein durchmachen musste. Ajahn Buddhadasa hat mich dabei psychisch stark unterstützt.

Jeden Tag ist er aus seinem Kuti rausgekommen und für ein paar Stunden auf einer Bank davor gesessen. Ich bin immer wieder hingegangen, habe mich in seiner Nähe hingesetzt und einfach Zeit in seiner Gegenwart verbracht. Sehr früh am Morgen, wenn es noch kühl war, ist er täglich hundert Schritte gegangen, gestützt von zwei jungen Mönchen. Das war sein Morgensport. Er war zu diesem Zeitpunkt an die 83 Jahre alt und konnte nur noch schlecht gehen.

Ich wollte eine Beziehung zu ihm aufbauen. Mit ihm zu sprechen ging nicht wirklich. Mir war klar, dass es ein Kontakt ohne Worte sein musste. Auf seiner täglichen Spazierroute gab es einen Baum, unter dem eine alte Nonne jede Nacht ein weißes Tuch auslegte, um die abgefallenen Blüten zu sammeln. Sie hat Medizin daraus gemacht. Ich wusste, dass Ajahn Buddhadasa dort jeden Tag vorbeikam, und bot der alten Nonne an, ihr beim Aufsammeln der Blüten zu helfen. Jedes Mal, wenn Ajahn Buddhadasa vorbeikam, ist er stehen geblieben, hat sich mir zugewendet und mir ein paar Sekunden in die Augen geschaut. Das war unser tägliches Ritual. Kennst du den Begriff Darshan? Verwirklichte Menschen können Energie weitergeben, entweder durch einen Blick in deine Augen, eine Berührung oder durch ein Stück Essen, das sie gesegnet haben. Eine solche Energieübertragung hat da stattgefunden. Jeden Tag, ich weiß nicht, wie viele Male. Anfangs war ich noch voller Zweifel, ob ich mich von meinem Mann scheiden lassen sollte. Ich habe meine Geschichte der erfahrenen Lehrerin erzählt, die neben mir gewohnt hat. Sie hat mir fast befohlen: Du musst dich sofort scheiden lassen!

Mit unerwarteter Hilfe von Menschen, die ich kaum kannte, bin ich dann sehr schnell und unkompliziert geschieden worden, obwohl meine Ehe in Österreich geschlossen worden war. Alle Beteiligten haben gewusst, dass ich Schülerin von Ajahn Buddhadasa bin und keine Ahnung vom kriminellen Hintergrund meines Ehemanns hatte. Dass ich bei Ajahn Buddhadasa war, hat anscheinend einen großen Eindruck gemacht. Rückblickend glaube ich, dass mir deshalb alle geholfen haben. Nachdem ich mich entschieden hatte, dass ich mich scheiden lassen wollte, haben alle Kräfte zusammengewirkt und binnen weniger Stunden war die Sache erledigt. Das war schon sehr erstaunlich.

Bis zu diesem Zeitpunkt hatte ich versucht, mich in eine andere Richtung durchzuschlagen, aber das hat nicht funktioniert. In meinem Leben hatten sich alle Türen geschlossen, doch eine stand weit offen: die ins Kloster. Da wusste ich, dass ich jetzt auf dem richtigen Weg war. Nach der Scheidung zog ich mit Sack und Pack ins Kloster und lebte noch ein Jahr dort, bevor ich nach Europa zurückkehrte. Ajahn Buddhadasa wurde immer schwächer und es war klar, dass er bald sterben wird. Ich wusste, dass ich dann nicht mehr an diesem Ort würde sein wollen.

Wolltest du damals schon Nonne werden? In welcher Rolle warst du im Kloster?
Ich war Laienschwester: Upasika. Äußerlich trug ich einen schwarzen oder braunen Sarong[5] mit weißer oder brauner Bluse, ganz einfach. Allerdings war ich mir in einem Punkt sicher: Ich wollte nicht in Asien zur Nonne ordiniert werden. Ich wollte keine Sonderstellung. Als sogenannte Farang, als Westlerin, wäre ich immer irgendwie am Rande der Gemeinschaft gewesen. Das System im Kloster war mir auch zu patriarchalisch. Ich wollte zurück in den Westen, wusste damals aber noch nicht, wohin.

Das Waldkloster Suan Mokkh war wunderschön und von Ajahn Buddhadasa auf eine außergewöhnliche Art gestaltet worden. Im Unterschied zu anderen Klöstern in Thailand gab es überhaupt keine goldenen Tempelanlagen, sondern im ganzen Kloster nur eine einzige Buddhastatue. Ajahn Buddhadasa hat versucht, den Buddhismus vom Aberglauben und von den Vorstellungen zu befreien, auf die die westliche Welt naserümpfend geschaut hat. Er wollte beweisen, dass der Buddhismus reine Kunst und Wissenschaft ist. Das entsprach dem damaligen Zeitgeist in Thailand und er war einer der Vorreiter dieser Richtung. Die Intellektuellen aus Bangkok sind zu ihm geströmt. Er war ein wichtiger Reformer des Buddhismus, was ich damals allerdings nicht gewusst habe. Ich bin gewissermaßen im Blindflug in Wat Suan Mokkh gelandet.

5 Ein Rock, der aus einer Stoffbahn besteht und um die Hüfte gewickelt wird.

Mir erschien das anfangs alles normal. So ist es eben im Kloster, dachte ich, und für mich war es genau das richtige Kloster. Ajahn Buddhadasa hatte exzentrische Gebäude bauen lassen, zwei riesige Schiffe aus Beton. Im Körper des einen befand sich die Bibliothek und darüber die große Dharma-Halle. Ein zweites Schiff hat dazu gedient, in der Regenzeit Wasser zu sammeln. Eine Kunstgalerie gab es auch, das sogenannte Spirituelle Theater. Die Kunstwerke wurden verwendet, um Prinzipien des Dharma[6], wie die buddhistische Lehre auf Sanskrit bezeichnet wird, zu unterrichten. Was Ajahn Buddadasa damals gemacht hat, war wirklich sehr innovativ.

In Wat Suan Mokkh hat man sich mit allen buddhistischen Schulen beschäftigt. Es gab Literatur und Kunst aus dem Theravada, Mahayana und Vajrayana. Das erste Buch, das man mir dort zum Lesen gegeben hat, war *Zen Mind, Beginner's Mind (Zen-Geist, Anfänger-Geist)* von Shunryu Suzuki. Das war Ajahn Buddhadasas Empfehlung für Anfängerinnen und Anfänger. Er selbst hat zwei Werke aus der Zen-Tradition aus dem Englischen ins Thai übersetzt. Der Ansatz der thailändischen Waldtradition steht anderen buddhistischen Traditionen wie dem japanischen Zen, dem chinesischen Chan und dem tibetischen Dzogchen und Mahamudra nahe.

6 In der Regel werden in diesem Buch buddhistische Fachbegriffe in Pali, der buddhistischen Schriftsprache des sogenannten Pali-Kanons, verwendet. Ausnahmen bilden einige buddhistische Schlüsselbegriffe wie Dharma, Nirvana und Karma (Pali: Dhamma, Nibbana und Kamma), für die sich die Sanskritversion durchgesetzt und auch Eingang in den Duden, das Rechtschreibwörterbuch der deutschen Sprache, gefunden hat.

Ajahn Buddhadasa ist natürlich auch kritisiert worden. Man hat ihm vorgeworfen, dass er nicht den wahren Buddhismus lehrt, doch mit seinem starken Intellekt hat er sich gegenüber seinen Kritikern stets behaupten können. So hochintelligent und verwirklicht wie er war, konnte er sich das erlauben, und er hat immer mehr Menschen aus verschiedenen Ländern um sich geschart. Sein Stil war konfrontierend, auch weil er den meisten Menschen seiner Zeit weit voraus war. Er gilt als Vorreiter dessen, was man heute als Engaged Buddhism, sozial engagierten Buddhismus, bezeichnet. Und schon damals in den 198er Jahren hat er von Umweltschutz und Klimawandel gesprochen.

Hast du jemals mit ihm persönlich gesprochen, eine Konsultation, ein Praxisgespräch gehabt?
Nein. Ich habe natürlich seine Unterweisungen gehört. Der Kontakt ist jedoch ohne miteinander zu sprechen abgelaufen. Ich habe einfach gewusst, dass ich nicht mit ihm sprechen soll. Dadurch, dass wir nie miteinander gesprochen haben, wurde unsere intuitive Verbindung immer stärker, so, wie bei einer Blinden die anderen Sinne stärker werden. Ich habe mich einfach völlig auf meine Intuition verlassen. Ajahn Buddhadasa hat mir sehr starken psychischen Halt gegeben, die Sicherheit, dass ich keine Angst haben muss, was auch immer passiert. Mehr als das habe ich von ihm nicht gebraucht.

Als klar wurde, dass er bald sterben würde und ich nicht länger in Wat Suan Mokkh bleiben wollte, fand ich in unserer kleinen Meditationshalle für Leute aus dem Westen ein Chanting-Book, eine Art Gesangs- oder Gebetsbuch, vom Kloster Amaravati[7] in Großbritannien. Ich habe mir sofort gedacht: Da gehe ich als Nächstes hin. Im September 1992 habe ich Wat Suan Mokkh verlassen. Nach einem Monat in Bruck an der Mur, in meiner Heimat Österreich, bin ich im Oktober 1992 in Amaravati angekommen, gemeinsam mit einer Frau aus Deutschland, die ich in Suan Mokkh kennengelernt hatte. Im Sommer 1993 ist Ajahn Buddhadasa verstorben.

Hast du dich von Ajahn Buddhadasa verabschiedet?
Nein. Er war so krank, dass er in den letzten Wochen meines Aufenthalts gar nicht mehr aus seinem Kuti herausgekommen ist. Ich habe mich innerlich von ihm verabschiedet. Einige meiner Habseligkeiten habe ich bei den Köchinnen gelassen, da ich damals plante, wieder zurückzukommen. 1995 bin ich dann noch einmal für ein paar Tage in Suan Mokkh gewesen.

Dein Weg zum Buddhismus hört sich an wie eine Abenteuergeschichte. Du hast erwähnt, dass du das Gefühl hattest, dabei an vergangene Leben anzuknüpfen. Muss das so sein? Geht es auch einfacher? Es gibt doch auch Menschen, die sich ohne Glauben an eine Wiedergeburt und ohne ein derartiges Gefühl zum Buddhismus hingezogen fühlen, zum Beispiel, weil sie ein Buch gelesen haben. Wo ist der Anfang, gibt es so etwas wie eine Minimalversion des Buddhismus?

7 Das Kloster Amaravati gehört zur Ajahn-Chah-Linie der Waldtradition des Theravada-Buddhismus.

Das muss natürlich keinesfalls so sein wie bei mir. Die Minimalversion des Buddhismus ist die Zufluchtnahme und das Einhalten der Fünf Ethischen Übungsregeln oder Grundsätze.

Zufluchtnahme bedeutet, dass man im eigentlichen Wortsinn Zuflucht nimmt: zum Buddha, zum Dharma, das ist die buddhistische Lehre, und zum Sangha, zur Gemeinschaft der Menschen, die von dieser Lehre profitieren. Das sind Menschen, die überzeugt sind, dass es mehr geben muss im Leben, als zu konsumieren und sich zu vergnügen.

Die Fünf Ethischen Übungsregeln sind: nicht töten; nichts nehmen, was nicht gegeben worden ist; sich selbst und andere nicht sexuell ausnutzen; nicht lügen. Beim fünften Grundsatz geht es darum, keine Drogen und keinen Alkohol zu konsumieren, was zu Nachlässigkeit und damit potentiell zum Brechen der anderen vier Übungsregeln führen könnte. Ich bin der Meinung, dass es keine Regelverletzung ist, wenn du ein Glas Wein trinkst und dabei die vier anderen Ethischen Grundsätze einhältst. Nicht achtlos oder nachlässig zu sein, darum geht es hier. Gewisse Sachen fallen von selbst weg, wenn die Zeit reif dafür ist, auch wenn man sich das zuerst nicht vorstellen kann.

Bedeutet das Verbot zu töten auch, dass man kein Fleisch essen darf?

Nein, wortwörtlich gesehen heißt es das nicht. Es kommt ganz darauf an, wie du es interpretierst, es liegt an dir. Ich habe mir nie wirklich vorgenommen, Vegetarierin zu sein, damit ich eine gute Nonne bin. Das verlangen unsere Übungsregeln auch nicht. Allerdings sind wir verpflichtet, jedes Essen anzunehmen, das uns gegeben wird. In Thailand wollen die Leute den Nonnen und Mönchen das Beste geben und das ist oft Fleisch, weil es teuer ist. Heutzutage sagen wir den Leuten, dass wir Vegetarierinnen sind. Wenn jemand das nicht weiß und Fleisch bringt, essen wir ein kleines Stück davon, aus Wertschätzung und den Rest geben wir her. Mache es anderen leicht, dich zu unterstützen – das ist eine wichtige Einstellung für das klösterliche Leben als Almosenempfängerin.

Und Mottenfallen, sind die verboten? Ich töte die Tiere damit ja nicht eigenhändig.

Mottenfallen zu verwenden ist das Gleiche, wie Motten zu töten. Wir hatten einmal im Gästehaus in Amaravati eine Rattenplage. Nach langen Überlegungen haben wir uns dazu entschlossen, einen professionellen Schädlingsbekämpfer zu holen. Eine solche schwierige Entscheidung kann dir niemand abnehmen. Es gibt sogar einen Sprechgesang, mit dem man bittet, dass diese Tiere wieder verschwinden mögen: Alle Beinlosen, Zweibeiner, Vierbeiner, Achtbeiner, bitte geht weg! Das chantet man ein paarmal und hofft das Beste, und manchmal funktioniert es auch! Wenn sie trotzdem weitermachen und großen Schaden anrichten, muss etwas unternommen werden. Das ist dann wirklich der letzte Ausweg, aber nur nach reiflicher Überlegung und nach bestmöglichen Vorbeugungsmaßnahmen.

Kann man solche Taten wiedergutmachen?
Ja, man kann langfristig gesehen alles wiedergutmachen. Im Buddhismus gibt es keine Sünde im Sinne des Christentums. Aber alles, was du mit Absicht machst, sagst oder denkst, ob heilsam oder unheilsam, hat seine Wirkung. Das ist Karma oder absichtsvolles Handeln. Karma bedeutet ganz einfach Aktion mit Intention.

Wie sind deine Erfahrungen in Thailand gewesen? Spürt man im Alltag, dass der Großteil der Menschen Buddhisten sind?
So pauschal kann man das natürlich nicht sagen. Der Großteil der Menschen in Thailand sind kulturelle Buddhistinnen und Buddhisten, so wie ich eine kulturelle Katholikin war. Der Buddhismus ist dort Teil der Kultur. Die Menschen in Thailand haben ein gutes Verständnis von Dana, von Großzügigkeit und Geben. Es ist tief in der Kultur verwurzelt, dass es eine gute Sache ist, großzügig zu sein, selbst bei Menschen, die nicht meditieren oder die Fünf Ethischen Grundsätze einhalten.

Die Menschen, die ihr Leben der buddhistischen Praxis verschreiben, genießen Respekt – zumindest die Mönche. Es gilt als verdienstvoll, sie zu unterstützen. Sogar jemand wie mein Ex-Mann, der die Fünf Ethischen Grundsätze nicht einhalten konnte, hat gedacht, dass es gut wäre, sie einzuhalten und Mönche zu unterstützen. Vor unserer Hochzeit ist er für eine Woche Mönch geworden, was in einer traditionellen thailändischen Familie selbst heutzutage noch erwartet wird.

In meiner Schulzeit habe ich im Unterricht gehört, dass der Buddhismus lebensabgewandt ist, weil es im Buddhismus heißt, dass Leben Leiden ist.
Das wird nicht so gesagt. Der Buddha lehrt mit den Vier Edlen Wahrheiten, dass Leid durch Anhaften erzeugt wird, und nicht, dass das Leben selbst Leiden ist. Wie weit du dich einlassen musst, ist schwer zu verallgemeinern. Sicher ist, dass du die Fünf Ethischen Grundsätze einhalten musst, wenn du weiterkommen willst. Sonst gehst du immer einen Schritt vorwärts und einen zurück. Wenn du eine der Übungsregeln brichst, fängst du wieder neu an. Fehler zu machen ist ein Teil des Trainings. Wir sollten jedoch bewusst hinschauen, wieso uns ein solcher Ausrutscher unterlaufen ist.

Bei der buddhistischen Praxis geht es weniger darum, was in deinem Leben passiert, sondern eher, wie du dazu stehst, wie du dem gegenüberstehst, was passiert. Das ist ganz zentral. Stell dir vor, du willst deinen Freund vom Bahnhof abholen und kommst in den Regen, wirst nass und kommst zu spät. Wie verhältst du dich, wenn du total nass und zu spät bist? In welchem geistigen Zustand kommst du am Bahnhof an? Das ist entscheidend, nicht was im Detail passiert ist. Es geht darum, eine zunehmende Offenheit des Geistes zu entwickeln, zu verstehen, dass man nicht in alles, was passiert, eingreifen muss; dass man allem den Platz geben kann, den es braucht, um mitfühlend und weise zu reagieren – entsprechend den Fünf Ethischen Grundsätzen.

Wenn jemand mit der buddhistischen Praxis beginnt, steuert er oder sie dann von Anfang an gezielt auf die Erleuchtung zu?
Nein. Pushen und Forcieren ist das Gegenteil von Loslassen, darum spricht man im Buddhismus vom Mittleren Weg. Man kann eine Öffnung des Geistes nicht forcieren. Es geht darum, mir immer wieder anzuschauen, was in mir passiert, wie ich mich zu meinen Erfahrungen in Beziehung setze. Die buddhistische Praxis beginnt eigentlich damit, das Ego zu heilen. Du kannst das Ego nur loslassen, wenn du es wirklich hast. Das Ego muss im Großen und Ganzen gesund sein, um wirklich praktizieren zu können, um sich ehrlich erkennen zu können.

Was braucht es dafür? Woran erkennt man diese Gesundung?
Daran, dass man die Fünf Ethischen Grundsätze ohne große Probleme einhalten kann; daran, dass man in Gemeinschaft leben kann, ohne seinen eigenen Projektionen zu sehr zum Opfer zu fallen und ständig mit anderen zu streiten; daran, dass man ein einigermaßen ausgewogenes Leben leben kann. Darum ist der Sangha so wichtig. Allein kann man sich viel vormachen. In Gemeinschaft geht das schwerer, in Gemeinschaft lernt man sich wirklich kennen.

Allerdings sollte es vorzugsweise eine Gemeinschaft mit Menschen sein, die wirklich auf dem Weg sind, eine Gemeinschaft von Leuten, die in eine heilsame Richtung gehen wollen. Du wirst von der Energie der Leute, mit denen du zusammen bist, tagtäglich beeinflusst. Es gibt einen Chant, einen Sprechgesang, in dem empfohlen wird, sich nicht mit Narren zusammenzutun.

In der klassischen Psychologie geht es darum, das Ego zu heilen. Der Buddhismus geht aber weiter. Das Ego wird durchschaut als das, was es ist – als leer. Es existiert nicht wirklich. So, wie du dich selbst als eine separate Person verstehst und erlebst, ist das eigentlich nur ein riesiger Haufen von Gedanken, an denen du mehr oder weniger anhaftest. Und in diesen Gedanken kann man gewisse Muster feststellen. Das Ego ist die Summe dieser Gedankenmuster, die über unzählige Leben oder zumindest über dieses Leben aufgebaut wurden.

Du hast mir einmal erzählt, dass du dich in gesellschaftlichen Situationen schnell ausgeschlossen fühlst. Das ist ein solches Muster. Das ist ein Teil davon, wie sich dein Ego definiert. Jemand anderer hat ein anderes Trauma aus seiner Kindheit mitgenommen. Mithilfe der buddhistischen Praxis werden diese Muster bewusst erkannt und langsam ausgedünnt. Es ist, als ob du immer mehr Wasser dazuschüttest. Die Muster des Anhaftens werden immer mehr verdünnt, bis sie sich völlig aufgelöst haben.

Wann war bei dir der Moment, als du gedacht hast, jetzt durchschaue ich die Leerheit des Ego, jetzt geht die Praxis wirklich los?
So läuft es nicht ab. Die Praxis geht immer schon richtig los und nicht erst, wenn du die ersten tiefen Einsichten hast. Das ist ein Prozess, der sich aufbaut und über den man keine wirkliche Kontrolle hat. Eine Henne sitzt auf ihren Eiern und weiß nicht, wann die Küken ausschlüpfen. Sie sitzt unermüdlich und praktiziert immer weiter. Oder ein Tischler, der seine Axt jeden Tag verwendet und nach ein paar Jahren sieht, dass der

Griff abgewetzt ist und man sogar die Eindrücke seiner Finger sehen kann. Er weiß nicht, wann das passiert ist. Vor fünf, vor vier oder drei Jahren? Gestern? Es ist im Laufe der Zeit passiert. So ist es auch mit der buddhistischen Praxis. Je länger man praktiziert, desto natürlicher gibt man die Zielorientierung auf. Irgendwann kommt man drauf, dass es so nicht geht, und dann fängt man an, sich zu entspannen.

Die buddhistische Praxis ist kein linearer Prozess. Da gibt es diesen schönen Spruch: Der kürzeste Pfad ist keine gerade Linie. Wenn du dranbleibst, wenn du verstehst, dass es nicht in deiner Kontrolle liegt, wie der Prozess verläuft, wird sich aus dem anfänglichen Kampf Hingabe herauskristallisieren. Kontrolle hast du darüber, ob du dich bemühst, weise Prioritäten zu setzen und zu leben. Durch die tägliche Praxis und das Einhalten der Fünf Ethischen Grundsätze kannst du eine solide Basis für deinen Weg kultivieren.

Die Mitte finden

Du sitzt hier vor mir mit geschorenem Kopf in einer rotbraunen Robe. Welcher Schule des Buddhismus gehörst du an?
Meine äußere Erscheinung und die Art, wie ich lebe, entsprechen dem Theravada-Buddhismus. Die Klöster in Thailand und Großbritannien, in denen ich ausgebildet worden bin, gehören zur sogenannten thailändischen Waldtradition. Ich lebe als Bhikkhuni, das ist die höchste Weihe für weibliche Ordensleute in allen drei Schulen des Buddhismus. Männer werden als Bhikkhus bezeichnet. Zusätzlich bin ich auch von Shechen Rabjam Rinpoche, meinem Lehrer aus der Nyingma-Tradition[8] des tibetischen Buddhismus, beeinflusst. Diese Lehren haben mir damals vieles eröffnet, was ich im Theravada nicht finden konnte.

Welche großen Traditionen gibt es innerhalb des Buddhismus und worin unterscheiden sie sich?
Die gängige Klassifikation unterscheidet den Theravada-Buddhismus, auch die Schule der Älteren genannt, die auf dem

8 Neben Kagyü, Sakya und Gelug die älteste der vier großen Traditionslinien des tibetischen Buddhismus (Vajrayana).

Pali-Kanon[9] beruht, und den Mahayana-Buddhismus sowie den Vajrayana-Buddhismus, den tibetischen Buddhismus. Allerdings wird diese Einteilung in die drei großen Schulen heute zunehmend hinterfragt. Außerdem wurde lange angenommen, dass diese Schulen gewissermaßen zeitlich hintereinander entstanden sind.

Zeitgenössische Gelehrte haben begonnen, die frühesten Schichten von Materialien in den verschiedenen Schulen miteinander zu vergleichen und Überlappendes in Pali-Quellen, in chinesischen und in tibetischen gefunden. Heute setzt sich der Begriff früher Buddhismus immer mehr durch. Dieser gibt die Essenz der Lehre wieder, wie sie vom Buddha selbst gelehrt worden ist, als er vor mehr als 2.500 Jahren auf der Erde weilte. Das kann man durch vergleichende Forschung mit ziemlicher Sicherheit eingrenzen.

Im Laufe der Geschichte haben sich in Tibet, China oder Japan so unterschiedliche Ausdrucksformen der buddhistischen Lehre entwickelt, dass man auf den ersten Blick gar nicht so klar sehen kann, dass es in der Essenz immer um das Gleiche geht. Die ersten Europäer, die nach Asien gereist sind, haben nicht verstanden, dass das alles Buddhismus ist. Sie haben geglaubt, dass es sich um verschiedene Religionen handelt.

Bei Treffen oder Kongressen ist es meist nicht schwierig, einen gemeinsamen Nenner zu finden. Die Vier Edlen Wahrheiten werden der Fußabdruck des Elefanten genannt. In den

9 Der Pali-Kanon ist die Sammlung der Lehrreden des Buddha in der Theravada-Schule.

Fußabdruck des größten Tieres passen alle verschiedenen Lehren innerhalb des Buddhismus. Wenn irgendetwas da nicht hineinpasst, so ist das nicht Buddhismus.

Die Kernaussage des Buddhismus passt auf eine Postkarte. Die Vier Edlen Wahrheiten könnte man so zusammenfassen: Es gibt Leid oder Stress. Was ist der Grund für den Stress? Das Anhaften. Und der Ausweg ist das Loslassen. Dazu gibt es den Achtfachen Edlen Pfad, Ariya Atthangika Magga, der das Loslassen durch Einsicht möglich macht:

- Rechte/Weise Erkenntnis
- Rechte/Weise Ansicht
- Rechte/Weise Rede
- Rechtes/Weises Handeln
- Rechter/Weiser Lebenserwerb
- Rechtes/Weises Bemühen
- Rechte/Weise Achtsamkeit
- Rechte/Weise Sammlung

Der Achtfache Edle Pfad beschreibt keinen linearen Fortschritt – alles ist zutiefst miteinander verwoben. Rechte/Weise Ansicht zum Beispiel ist auch mit den sieben anderen Teilen des Pfades verbunden, so wie ein Seil, das aus acht Strängen besteht, die alle zusammenwirken. Der Achtfache Edle Pfad wird oft in drei Gruppen unterteilt: Die erste Gruppe behandelt Weisheit, Panna; die zweite Ethik, Sila, und die dritte Sammlung oder Meditation, Samadhi.

Verschiedene Kulturen haben unterschiedliche Mittel und

Wege benutzt, um diese Essenz zu kommunizieren. Das ist einer Mitteleuropäerin anfänglich etwas fremd, wenn man ihr nicht erklärt, worum es hier geht.

Kann man sagen, welche buddhistische Schule für Europäerinnen und Europäer am leichtesten zu verstehen ist?
Das kann man schwer sagen. Man weiß ja nicht, was jemand im Vorleben praktiziert hat. Ich habe in Thailand bei Ajahn Buddhadasa in der Waldtradition zu meditieren begonnen. In den ersten Wochen wurde mein Geist von Bildern aus dem Vajrayana überflutet. Dabei bin ich aus Bruck an der Mur in der Steiermark! Diese Bilder waren schon in mir, aus einem früheren Leben, würde ich rückblickend sagen. Sie sind durch die ganze Umgebung und die Anstöße, die mir in Ajahn Buddhadasas Kloster gegeben wurden, aktiviert worden.

Für jemand anderen kann es aber befremdend, verwirrend oder sogar furchterregend sein, wenn er zum ersten Mal einen Vajrayana-Schreinraum betritt. In Tibet sind zwei verschiedene Traditionen, Schamanismus und Buddhismus, ineinandergeflossen und haben diesen unglaublichen Überschwang an Formen geboren.

Die Einfachheit und Klarheit der Theravada-Lehre ist eine sehr gute Basis, um anzufangen. Man beobachtet den eigenen Geist, lernt, wie er funktioniert und wie man ihn durch Training in eine heilsame Richtung lenken kann. Der erste Schritt ist also, sich selbst anzuschauen. Dabei wird man Dinge sehen, die man allein nicht lösen kann, die nur in einer Beziehung – mit einem Lehrer oder einer Lehrerin – gelöst werden können. Ohne Grundausbildung, einem Ruhen in sich selbst, einem gewissen Verstehen, wie man tickt, wo die eigenen Stärken und Schwächen liegen, wie der Geist funktioniert, ist man nicht wirklich in der Lage, komplexere Unterweisungen zu nutzen.

Im Vajrayana-Buddhismus gibt es sogenannte geschickte Mittel. Was kann ich mir darunter vorstellen? Kannst du mir ein Beispiel geben?

Sogenannte geschickte Mittel gibt es in allen Schulen des Buddhismus, die ganze Lehre kann als eine Ansammlung solcher geschickter Mittel betrachtet werden. Diese geschickten Mittel sind dazu da, abgestimmt auf den jeweiligen Charakter, gewisse Filter aufzulösen.

Am Anfang meiner buddhistischen Praxis habe ich von nichts eine Ahnung gehabt. Mit meinem ersten Lehrer, Ajahn Buddhadasa, habe ich nie gesprochen. Sehr viel ist ohne Worte von Herz zu Herz oder von Geist zu Geist gelaufen. Das kann zwischen Lehrer und Schüler passieren, wenn eine gute Resonanz vorhanden ist. Aus dieser Möglichkeit hat der tibetische Buddhismus die sogenannten Sadhanas gemacht. Eine ganze Erfahrungswelt wird auf einer bestimmten Wesenheit aufgebaut: Es gibt eine Visualisierung, Gebete, Mantras[10], gefolgt von einem Empowerment, einer Ermächtigung, durch visualisierte Lichtstrahlen. Am Ende wird dieses geistige Konstrukt aufgelöst. Dabei wird durch Wiederholung klar: Alles ist leer.

10 Meditationswörter oder -silben, die wiederholt rezitiert werden.

Etwas wird aufgebaut, dann wird es als geschicktes Mittel benutzt und am Ende aufgelöst.

Durch Übung wird somit die ganze Welt zunehmend als ständig in Auflösung, in Veränderung befindlich verstanden und begriffen. Die geschickten Mittel sind Methoden, wie man sich das selbst näherbringen kann. Bei allen Übungen ist es wichtig, nicht in der Faszination für exotische Formen und ungewöhnliche Situationen unterzugehen und diese als Flucht vor der inneren Arbeit zu benutzen.

Im Theravada-Buddhismus konzentrierst du dich in der Meditation zum Beispiel auf deinen Atem. Immer wieder schweift der Geist ab und du bringst ihn zurück. Wenn du so mit dem Atem arbeitest, sinkt es irgendwann ein: Alles verändert sich ständig. Voll zu begreifen, dass alles, was entsteht, auch vergeht, darum geht es wirklich. Das ist das Eingangstor in Richtung Befreiung.

Die Prinzipien, die verstanden werden müssen, um sich von beschränkenden Mustern zu lösen, sind grundsätzlich wirklich einfach: Das erste ist die Vergänglichkeit, die Wandelbarkeit aller Erscheinungen, die entstehen und vergehen. Im Pali-Kanon wird das als Anicca bezeichnet. Das zweite ist die Unzulänglichkeit, Dukkha. Jedes Ding ist im Endeffekt unzulänglich. Es entsteht und vergeht, und das unterliegt nicht unserer Kontrolle. Das Aufnahmegerät für unser Gespräch, das da auf dem Tisch liegt, ist momentan sehr befriedigend für dich, irgendwann einmal wird es das nicht mehr sein. Und das dritte Prinzip, das verstanden werden muss, ist die Leerheit, das Nicht-Selbst, Anatta, wie es im Pali-Kanon genannt wird. Dieses Prinzip besagt, dass alles, was sich ständig verändert, keine separat existierenden Dinge sind, sondern zutiefst vernetzte Prozesse. Dieses Aufnahmegerät besteht aus vielen Teilen. Was immer die Bestandteile sind, auf jeden Fall ist das ganze Universum daran beteiligt, es besteht aus Sternenstaub, der vor Milliarden von Jahren entstanden ist.

Das ist nicht wirklich kompliziert. Wichtig ist aber, dass man sich daran erinnert, wenn die Emotionen hochgehen. Dann braucht man dieses Wissen. Darum geht es eigentlich. Alle buddhistischen Schulen versuchen, das auf ihre spezielle Weise zu erklären. Das sind einfach verschiedene Ansätze, die auf verschiedenen Kulturen basieren.

Welche kulturellen Eigenheiten hat der Theravada-Buddhismus?
Der Theravada-Buddhismus wird auch Südlicher Buddhismus genannt. Er hat sich von Indien aus nach Sri Lanka, Thailand, Myanmar, Laos und Kambodscha verbreitet. Man sagt, vor langer Zeit hat es auf der ganzen malaiischen Halbinsel – bis hinunter nach Borneo – Theravada, Mahayana und Vajrayana gegeben.

Auf Java gibt es den Borobudur-Tempel der Mahayana-Schule, das größte buddhistische Monument auf der Welt. In Ajahn Buddhadasas Geburtsdorf in Chaiya in Südthailand hat man eine Statue von Avalokiteshvara, dem Bodhisattva des Mitgefühls im Mahayana-Buddhismus, ausgegraben. Im Kloster Suan Mokkh steht eine Kopie davon. Die Grenzziehungen zwischen den einzelnen Schulen waren nicht so genau, Lehrende und Ordensleute sind gewandert und haben so ihre Lehren weitergetragen.

Thailand ist das einzige Land in Südostasien, das nicht formell kolonisiert worden ist. Das war unter anderem auf die Reformen von König Chulalongkorn, der bis in das beginnende 20. Jahrhundert regiert hat, zurückzuführen. Er hat schamanistische Elemente und Ahnenglauben aus dem Buddhismus zu eliminieren versucht, um dadurch der westlichen wissenschaftlichen Kritik zuvorzukommen. Ajahn Buddhadasa hat das später weitergeführt: den Versuch zu beweisen, dass der Buddhismus wissenschaftlich und mit modernen Erkenntnissen vereinbar ist. Der Buddhismus ist also schon vor über hundert Jahren modernisiert worden, bevor er überhaupt für Menschen aus dem Westen breiter zugänglich wurde.

Diejenigen, die als Erste den Buddhismus im Westen bekannt machten, haben vor allem Theravada-Länder bereist. 1940 ist im damaligen Ceylon, heute Sri Lanka, ein deutscher Musiker buddhistischer Mönch mit dem Namen Nyanatiloka geworden. Er hat ein buddhistisches Wörterbuch[11] verfasst, das immer noch Verwendung findet.

Was ist für dich als Praktizierende die besondere Qualität dieser Schule?

Ich möchte in diesem Zusammenhang nicht über Theravada, sondern über frühen Buddhismus sprechen. Bhikkhu Analayo, ein deutscher Gelehrter und buddhistischer Mönch, hat sich in dieser Forschung einen Namen gemacht. Er beherrscht Tibe-

11 Nyanatiloka, Buddhistisches Wörterbuch, Beyerlein & Steinschulte, Stammbach 1999.

tisch, Chinesisch, Pali und noch andere Sprachen und ist daher in der Lage, die Schriften dieser unterschiedlichen Schulen miteinander zu vergleichen. Im frühen Buddhismus steht das Minimum, womit man arbeiten muss, um den Geist zu befreien, im Mittelpunkt. Das ist die Grundvorlage für eine erfolgreiche Praxis – weniger als das geht nicht.

Die sogenannten 37 Bodhipakkhiya-Dhamma[12] zum Beispiel, die 37 Qualitäten, die das Erwachen beflügeln, gehören zur ganz frühen Lehre. Die Dinge, über die da gesprochen wird, sind später im Mahayana- und im Vajrayana-Buddhismus stark ausgebaut worden. Als eine Untergruppe der Bodhipakkhiya-Dhamma werden die Sieben Erwachensfaktoren (Bojjhanga) genannt:

- Achtsamkeit (Sati)
- Wirklichkeitsergründung oder Interesse (Dhamma Vicaya)
- Energie (Viriya)
- Freude (Piti)
- Ruhe (Passaddhi)
- Sammlung, Stabilität (Samadhi)
- Ausgeglichenheit (Upekkha)

Die Sieben Erwachensfaktoren gehören zu den Grundelementen der Lehre wie auch die Fünf Hindernisse:

12 Siehe Anhang, Seite 188.

- Sinnesbegierde
- Übelwollen
- Dumpfheit und Mattheit
- Rastlosigkeit und Sorge
- Zweifel

Man strebt danach, diese Hindernisse zu transformieren und dadurch die Erwachensfaktoren zu kultivieren. Wenn der Geist völlig von diesen Einschränkungen befreit ist, sind die Erwachensfaktoren erblüht. Das ist das Erwachen.

Gibt es innerhalb des Theravada-Buddhismus verschiedene Wege der Praxis?

Im Theravada hat es immer schon drei verschiedene Wege gegeben: den Weg eines Arahant, eines Buddha und eines Pacceka-Buddha. Ein Arahant hat alle geistigen Trübungen aufgelöst, danach gibt es keine Wiedergeburt mehr. Da sind kein Wollen und kein Wirken mehr. Wie eine Flamme, die verlöscht, wenn kein Brennstoff mehr da ist: das ist ein Arahant. Im Theravada gibt es auch den Buddha-Weg: Man strebt an, ein Buddha zu werden, ein vollkommener, vollständig Erwachter (Pali: Sammasambuddha). Beim Buddha-Weg gibt es zwei verschiedene Buddhas: den Buddha und den Pacceka-Buddha. Letzterer ist ein Buddha, der nicht die Gabe des Lehrens hat, er oder sie wird manchmal auch als schweigender Buddha bezeichnet.

Im Mahayana-Buddhismus gibt es das sogenannte Bodhisattva-Gelübde: Wer es ablegt, strebt nicht das völlige Verlöschen der Flamme an, durch das Loslassen alles Wirkens und

Wollens. Um allen fühlenden Wesen von Nutzen zu sein, zielt ein Bodhisattva darauf ab, immer wieder geboren zu werden, bis alle fühlenden Wesen befreit sind. Im Mahayana-Buddhismus wird es daher oft als egoistisch angesehen, wenn jemand auf dem Arahant-Weg praktiziert.

Leider wird in manchen buddhistischen Kreisen immer noch von Hinayana gesprochen, vom kleinen Fahrzeug, wenn vom Theravada-Buddhismus die Rede ist. Das ist abwertend. Gemeint ist: Ins kleine Fahrzeug passt nur einer hinein, man löst durch diese Praxis nur seine eigenen Probleme, während man im Mahayana das Bodhisattva-Gelübde ablegt und verspricht, zum Wohle der anderen zu praktizieren.

Ich sehe da aber keinen Widerspruch. Wenn etwas wirklich heilsam für dich selbst ist, wirklich heilsam im umfassenden Sinne, dann ist es auch heilbringend für andere. Das ist eine zentrale Aussage im Pali-Kanon: Wenn du wirklich etwas tust, das langfristig gut für dich ist, dann ist es auch langfristig gut für alle anderen. Man soll die Auswirkungen der eigenen Gedanken, des eigenen Sprechens und der eigenen Taten ständig im Blick haben.

In den über dreißig Jahren, in denen ich praktizierende Buddhistin bin, ist mir immer stärker klar geworden, dass die Unterweisungen der verschiedenen buddhistischen Schulen die gleiche Essenz haben, allerdings in ihrer Erscheinung kulturell sehr unterschiedlich gefärbt sind. Nach so langer Zeit kann ich mich nicht ausschließlich einer Richtung verschreiben. Ich gehe in meiner Praxis auch in dieser Beziehung den Mittleren Weg und bin offen für Unterweisungen aus verschiedenen Schulen des Buddhismus. Alle buddhistischen Schulen bieten eine tiefe Einsicht ins Dhamma (Pali) oder Dharma (Sanskrit), die Lehre des Buddha. Diese Anweisungen können die Unwissenheit und die Fesseln, die uns an die Wiedergeburt binden, dauerhaft durchschneiden. Wenn du weißt, welche Einsichten es sind, die dieses Durchbrechen der Unwissenheit erreichen, bist du bei der Essenz des Buddhismus angelangt. Das Messer – im übertragenen Sinne –, das wir brauchen, um die Fesseln der Ignoranz zu durchschneiden, kann verschiedene Formen haben, ob wir im Senegal, in Tirol oder in Nepal sind. Wichtig ist, dass man damit schneiden kann und dass man es schärfen kann. Das macht ein Messer aus.

Passt der Begriff Religion überhaupt auf den Buddhismus?
Zuerst müsste man das Wort Religion definieren. Für mich hat Religion mit dem lateinischen Wort »religare« zu tun – was »zurück-, an-, festbinden« bedeutet. Es geht darum, sich mit dem Ganzen, dem Universum, zu verbinden, das Sich-eingebunden-Fühlen in etwas Größeres als man selbst zu erfahren. Wie auch immer wir das nennen wollen, was sprachlich nicht wirklich erfasst werden kann. Manche sagen Gott dazu, wir im Buddhismus sagen Dhamma oder Dharma. Im Grunde ist es das, was nicht wirklich benannt werden kann. Wir wissen, dass wir ein Teil davon sind. Je mehr man sich als Teil davon erlebt, desto weniger Angst hat man und desto zufriedener ist man im Leben.

Ich habe den Eindruck, dass Buddhistinnen und Buddhisten sehr stark an sich arbeiten müssen. Das Christentum, wie ich es in meiner Kindheit erlebt habe, ist für das Individuum dagegen eher einfach: Du musst gläubig sein, regelmäßig in die Kirche gehen, die zehn Gebote befolgen. Ist das nicht ein Klacks im Vergleich zu dem, was dir im Buddhismus abverlangt wird?
Nicht wirklich. Christliche Mystikerinnen und Mystiker wie Meister Eckhart oder Teresa von Avila hatten wahrscheinlich ähnliche Einsichten, wie ich sie vorhin erwähnt habe. Es ist eine Frage der Reife desjenigen, der praktiziert. Eine Frage der spirituellen Reife, sich dafür zu öffnen, dass Gott kein Mensch ist, keine Vaterfigur, sondern ein Mysterium. Bei uns Buddhistinnen und Buddhisten kommen die Naturgesetze dem am nächsten. Dharma, das sind sozusagen die der Realität zugrunde liegenden Naturgesetze. Schauen wir uns den Klimawandel an. Die Wissenschaft glaubt seit vielen Jahrhunderten, viel verstanden zu haben. Hat sie aber nicht wirklich, da die Menschheit zurzeit noch viel zu viel auf sich selbst bezogen ist. Wir schauen ins Universum und glauben, dass wir uns auskennen, weil wir so mächtige Maschinen entwickelt haben. In Wirklichkeit wissen wir nicht, was da eigentlich los ist.

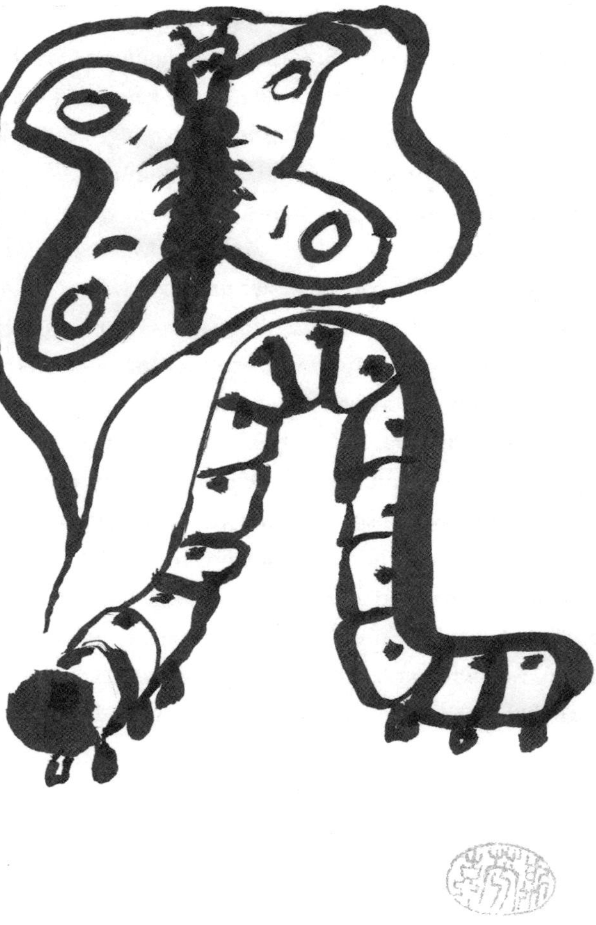

Heilung und Fortschreiten

Wir sind schon seit über vierzig Jahren miteinander befreundet. Ich habe bei dir seit Beginn deiner buddhistischen Praxis tiefgreifende Veränderungen beobachtet. Würdest du sagen, dass für dich der Buddhismus ein Weg der Heilung ist?
Sicher, jeder spirituelle Weg ist das. Es geht um Heilung von Ignoranz oder Unwissenheit oder Verblendung.

Wie würdest du einer Nichtbuddhistin Verblendung erklären?
Gier, Hass, Aversion, Eifersucht ... diese Geisteszustände sind Ausdruck von Verblendung. Es geht uns Menschen meistens darum, mehr von etwas Bestimmtem haben zu wollen oder weniger von etwas anderem. Festhalten oder Wegdrücken, Nichthabenwollen, diese beiden Grundmuster sind Spielarten des Anhaftens, auch Aversion ist eine Art des Anhaftens. Dieses Anhaften verzerrt die Realität, weil versucht wird, einen Fluss aufzuhalten. Wenn du in einem echten Fluss stehst und versuchst, das Fließen des Wassers zu unterbrechen, baut sich Druck auf. Das Wasser fängt an, sich zu verwirbeln, und ist nicht mehr im natürlichen Lauf. Das führt zu einer Verzerrung dessen, was wirklich vorhanden ist.

Im frühen Buddhismus spricht man von den Vier Vipallasa, den Vier Verzerrungen:

- zu glauben, dass das, was vergänglich (Anicca) ist, permanent ist
- zu glauben, dass das, was wesensmäßig unzulänglich und unbefriedigend (Dukkha) ist, eine Quelle der Befriedigung sein kann
- zu glauben, dass das, was Nicht-Selbst (Anatta) ist, ein Selbst ist
- zu glauben, dass das, was nicht wirklich schön (Asubha) ist, schön ist

Kannst du anhand deiner Entwicklung ein konkretes Beispiel dafür geben, was Befreiung von Verblendung und Anhaften bedeutet?

Ich habe mehr Vertrauen in den Fluss des Lebens, so wie er ist, entwickelt. Ich höre die Lockrufe der Konsumgesellschaft und zugleich gibt es vieles, bei dem ich nicht mehr mitrenne. Ich bin mir viel klarer als je zuvor, dass meine Zufriedenheit und die daraus resultierende subtile Freude nicht von den Dingen kommen, die ich besitze. Du kannst die hervorragendsten Dinge besitzen und trotzdem todunglücklich sein. Ich habe weniger Bedürfnisse und dadurch mehr Freiheit. Die buddhistische Praxis verspricht Freiheit von Anhaften und damit Freiheit von den Geistestrübungen und den daraus resultierenden Verzerrungen.

Wenn du es aufs Alltagsleben beziehst, hast du weniger

Stress im Hier und Jetzt. Du spürst weniger Druck, soundso viel Geld zu verdienen, um dir all diese Sachen kaufen zu können, deren Wichtigkeit uns durch die Werbung et cetera eingebläut wird.

Du hast übers Anhaften gesprochen, das überwunden werden soll. Ich kann auch an Dingen anhaften, die nichts kosten, mich über einen Schmetterling und eine Blume freuen.
Natürlich, du kannst dich über den Schmetterling und die Blume freuen und brauchst deshalb nicht anzuhaften.

Für mich ist das schwer zu unterscheiden. Man sagt dem Buddhismus ja auch nach, er sei dem Leben hier und jetzt abgewandt, da das Leben Leiden sei, und man wendet sich einer anderen Dimension zu.
Das ist eine falsche Interpretation oder Übersetzung, aus der Zeit, als man begann, den Buddhismus im Westen aufzunehmen. Der Begriff Dukkha ist mit Leiden übersetzt worden. Dabei bedeutet Dukkha Unzulänglichkeit. Das Wort Dukkha besteht aus zwei Teilen: »Du« ist ein negatives Wort und bedeutet so viel wie »nicht passend«, »Kkha« bezeichnet das Loch in der Mitte eines Rades, in das die Achse eingeführt wird. Wenn das Loch nicht passt, eiert das Rad, und das führt zu einer holprigen Fahrt. Das ist es, was Dukkha eigentlich bedeutet. Und diese Unzulänglichkeit wohnt nicht den Phänomenen an sich inne, sondern ist das Resultat von gewissen Erwartungen hinsichtlich dieser Phänomene.

Es gibt nichts, was dich auf Dauer befriedigen kann. Dieses

Aufnahmegerät, dieser Sessel oder was auch immer in diesem Raum, wird irgendwann kaputtgehen und nicht mehr funktionieren. Alle Dinge sind unzulänglich, daher kannst du dein Glück nicht auf einem Ding oder einem anderen Menschen bauen. Natürlich kannst du alles im Moment genießen, solange die Dinge dir Freude machen, aber möglichst, ohne anzuhaften, wenn du keinen daraus entstehenden Stress erleben möchtest.

Die Vier Edlen Wahrheiten wurden oft mit der Diagnose eines Arztes verglichen. Der Buddha kann als spiritueller Arzt, der die Krankheit der Verblendung heilen kann, gesehen werden. Am Anfang steht die Diagnose: Da ist Dukkha oder das Erleben von Leid. Ein Geist, der nicht völlig erwacht ist, haftet an den Dingen, was in Stress und Leid resultiert. Jeder Mensch, der nur ein bisschen aufmerksam lebt, sieht, dass sich alles im Leben ständig verändert. Daher gibt es nichts, was einen dauerhaft zufriedenstellen kann – das ist die erste Erkenntnis. Wenn man lebt, erfährt man Unbehagen. Wir können unser Leben nicht wirklich kontrollieren.

Die zweite Wahrheit betrifft die Ursache von Dukkha. Was ist der Keim, der Erreger, der diese Krankheit hervorgerufen hat? Es ist das Anhaften. Anhaften und Leid oder Stress entstehen simultan, die Unzulänglichkeit ist nicht eine den Phänomenen innewohnende Qualität, sondern ein Resultat des Anhaftens.

Und die dritte Wahrheit beantwortet die Frage nach dem realistischen, gesunden Zustand. Er bedeutet, die Dinge so zu sehen, wie sie wirklich sind, ohne an ihnen zu haften. Das ist Freiheit von Dukkha.

Die vierte Wahrheit ist der Edle Achtfache Pfad: Der Behandlungsplan, wie man die dritte Edle Wahrheit, die Gesundheit verwirklicht, wenn man das Rezept des Arztes auch wirklich befolgt.

Besteht also kein Widerspruch zwischen Buddhismus und Lebensfreude?
Nein, überhaupt nicht. Freude ist ja einer der Sieben Erwachensfaktoren[13], das heißt, ohne Freude gibt es kein Erwachen. Man kann auch ohne Anhaften Freude erleben, Freude im Moment. Gestern habe ich bei einer Freundin im Garten gesessen und dann ist plötzlich ein riesiger Schwarm Stare über uns geflogen. Ich hab den Flügelschlag gehört und ich habe ein tiefes Glücksgefühl gespürt. Und dann waren sie weg. Das ist wirkliche Freude – im Moment. Du freust dich und bist dankbar, dass du so etwas erleben kannst, ohne zu denken, dass sie hoffentlich bald wiederkommen.

Wenn ich nicht anhafte, bin ich dann automatisch im Moment?
Ja, und daraus entsteht eine ganz andere Qualität von Freude, eine subtile Freude, die nicht auf den Sinnesorganen beruht. Wenn du darüber mit einem getrübten Geist nachdenkst, kannst du das nicht nachvollziehen. Wenn du irgendeinen sinnlichen Genuss erlebst und gleichzeitig fürchtest, dass er vorbeigeht, ist das keine wirkliche Freude.

Ein solcher Ansatz ist geprägt von Angst, und diese Angst

13 Vgl. Seite 189.

blockiert den Weg zu wirklicher Freude. Wenn du im Fluss des Lebens bist, werden erfreuliche Sachen immer wieder auftauchen. Selbst wenn du sehr krank oder arm bist, können freudvolle Momente entstehen.

Der Gedanke an die Vergänglichkeit von allem bringt mich in ein Dilemma. Langfristig wird sich alles auflösen, wir werden wieder zu Sternenstaub werden. Unsere menschliche Spezies wird vom Planeten verschwinden, es werden andere Arten kommen und irgendwann wird die Sonne verlöschen. Warum soll ich mich überhaupt engagieren? Zum Beispiel in den Bereichen soziale Gerechtigkeit, Klimakrise und biologische Vielfalt?

Wenn deine Mutter krank ist, sagst du ja auch nicht, ich brauche sie nicht zu pflegen, irgendwann stirbt sie sowieso. Dann könnten wir uns gleich umbringen. So lange es noch geht und aus Güte, ist es immer angebracht, zu versuchen, Leid zu lindern. Das entspricht auch den im Buddhismus so wichtigen Vier Göttlichen Verweilzuständen (Brahmavihara), die auch die Vier Unermesslichen genannt werden:

- Liebende Güte, Wohlwollen (Metta)
- Mitgefühl (Karuna)
- Mitfreude (Mudita)
- Gleichmut (Upekkha)

Gleichmut zu üben gegenüber dem, was sich in der Welt abspielt, wird oft missverstanden. Gleichmut bedeutet nicht Wurschtigkeit, sondern hat sehr viel mit Mut zu tun.

Du bist allem gegenüber offen, auch wenn es furchterregend oder allzu aufregend ist. Du hast immer den gleichen Mut zu sagen: Ja, ich kann damit in Beziehung treten. Das ist ein Kernstück der buddhistischen Lehre: zu erkennen, wie ich mich auf meine Erfahrung beziehe. Du kannst die Naturgesetze nicht verändern, aber du kannst innerhalb von dem, was möglich ist, die größtmögliche Güte und Freundlichkeit aufbringen und weiter praktizieren. Damit tust du dir selbst auch etwas Gutes, weil du deinen Geist positiv trainierst und damit dein Ego abbaust. Wenn du stirbst, werden diese geistigen Tendenzen einen guten Einfluss auf deine nächste Geburt haben. Du bist die größte Nutznießerin, und gleichzeitig ist es für die anderen oder die Person, die du pflegst, auch gut. Somit kann jede Lebenslage zu unserer Lehrerin werden.

Im Buddhismus ist immer wieder die Rede von der Praxis. Was ist das eigentlich? Was ist das Minimum, dass ich sagen kann, ich bin Buddhistin? Was muss ich denken, was muss ich glauben, was muss ich tun?
Auf jeden Fall musst du dich bemühen, die Fünf Ethischen Grundsätze, über die wir schon gesprochen haben, einzuhalten. Sicher gibt es immer wieder Ausrutscher, aber dann öffnest du dich etwaigen Reuegefühlen und fängst sogleich wieder neu an. Da gibt es keine Diskussion. Eine zweite Grundlage dafür, sich als Buddhistin zu bezeichnen, sind die Drei Zufluchten. Das muss nicht unbedingt formell erfolgen, doch du solltest zumindest in diese Richtung hinarbeiten.

Kannst du Zufluchten erklären?
Stell dir vor, es tobt ein wilder Sturm und alle haben Angst. Statt im Schneesturm ungeschützt im Freien zu stehen, sitzt du in einer Hütte mitten im Schneesturm. Eine Buddhistin nimmt Zuflucht zu Buddha, Dharma und Sangha.

Sie nimmt Zuflucht zum Buddha, der uns diese Lehre hinterlassen hat. Auf einer anderen Ebene nimmt sie auch Zuflucht zu ihrem inneren Buddha, dem Gewahrsein. Buddha ist das Gewahrsein an sich oder der historische Buddha oder beides. Der Buddha spiegelt die Vollendung von Gewahrsein wider. Er ist jemand, der das Gewahrsein völlig perfektioniert hat, und wir sind erst auf dem Weg dorthin, obwohl wir das gleiche Potential haben wie er. Wir werden auch einmal so weit kommen. Jetzt sind wir aber da, wo wir sind.

Dharma ist die Lehre, die du in den buddhistischen Texten findest. Aber Dharma sind auch die Gesetze, wie die Natur, wie der Geist, wie bedingtes Entstehen funktionieren. Dharma sind auch die verschiedenen Listen, Methoden und Bildbeispiele, Kommentare und all das, womit unzählige Leute versucht haben, dieses Gedankengut so darzulegen, dass man es versteht.

Zum Sangha, dem dritten Objekt der Zuflucht im Buddhismus, gehören nicht nur die Lehrerinnen und Lehrer, sondern auch die, die neben dir auf dem Meditationskissen sitzen; alle, die praktizieren und sich mit dem Buddhismus verbunden fühlen und von der Lehre profitiert haben. Diejenigen, die irgendeinen Grad der Verwirklichung erreicht haben, bilden den sogenannten Ariya-Sangha.

Eine Person, die Zuflucht genommen hat, ist sich bewusst, dass ein Sturm tobt und dass sie manchmal Angst hat. Sie fragt sich, wie sie am besten weitermachen soll. Mit all diesen Zutaten versucht sie, die bestmögliche Entscheidung zu treffen. Jemand, der die Zuflucht zu Buddha oder zum Gewahrsein nicht wirklich verstanden hat, wird in Panik geraten und in seiner Angst untergehen.

Was bedeutet Verwirklichung in diesem Zusammenhang?
Verwirklichung bedeutet, dass du zumindest einmal den Dharma wirklich gesehen hast. Du hast Leerheit tatsächlich einmal durch direktes Sehen oder Erleben verstanden oder verwirklicht. Im frühen Buddhismus spricht man von den zehn Fesseln, die uns an das Rad der Wiedergeburt ketten. Das ist eine Methode, wie man die Trübungen, die sich im Geist manifestieren, erklären kann. Es geht in der Praxis, wie bereits gesagt, darum, diese Trübungen immer mehr abzubauen. Im Theravada-Buddhismus ist die erste der vier Stufen der Verwirklichung der Stromeintritt. Ein In-den-Strom-Eingetretener ist jemand, der oder die in den Strom des Dharma eingetreten ist. Er oder sie braucht keinen Lehrer mehr und muss nur noch darauf achten, dass er oder sie nicht links oder rechts am Ufer hängenbleibt und immer wieder zur Mitte kommt und mit dem Strom mitfließt. Durch das erste tiefe Sehen der Leerheit sind die ersten drei Fesseln, die an das Rad der Wiedergeburt ketten, dauerhaft gelöst.

Die ersten drei Fesseln zu lösen bedeutet, keinen Zweifel mehr zu haben, dass die Lehre funktioniert, weil man es selbst erlebt hat. Es bedeutet des Weiteren, nicht länger zu glauben, es wirke befreiend, irgendwelche Rituale oder Regeln ganz genau zu befolgen. Diese können zwar unterstützend sein, um dem Geist Freude und Anregung zu geben, aber die Rituale an sich können dich nicht befreien. Und die dritte Fessel zu lösen bedeutet, nicht länger zu glauben, dass man eine separate Entität sei. Man erlebt sich zwar immer noch so, aber sobald man darüber reflektiert, erkennt man, dass da in einem kein unwandelbarer Kern ist, von dem man sagen könnte, das bin ich und das ist mein Selbst. Da ist nichts Permanentes. Da sind nur Gedankenmuster und der Körper, der nach dem Tod zu den Elementen zurückkehrt. Und dann gibt es noch drei weitere Stufen der Verwirklichung, bis zum Arahant, zum Erwachten.

Es gibt also einen messbaren Fortschritt in der Praxis?
Ja, selbst, wenn man diese Fesseln nicht genau benennt, würde man bemerken: Ich habe weniger Angst, ich habe mehr Freude, mehr Vertrauen ins Leben. Ich brauche weniger Sachen. Ich kann aus Gedankenmustern, in die ich falle, wieder aussteigen. Das kann jede für sich selbst feststellen und manchmal können wir das bis zu einem gewissen Grad auch bei anderen beobachten.

Gibt es so etwas wie spirituellen Ehrgeiz?
Der gehört dazu, wenn das Ego noch groß genug ist. Ehrgeiz ist zumindest besser, als sich überhaupt nichts draus zu machen, aber Ehrgeiz kann auch kontraproduktiv sein. Sich zu sehr anzustrengen ist das Gegenteil von Loslassen. Es geht darum, im übertragenen Sinne Gepäck abzulegen. Wenn du mit zehn Koffern anfängst, drei wegstellst und mit sieben weitergehst,

hast du zwar etwas Erleichterung gewonnen, aber es wäre lächerlich, einen Wettstreit daraus zu machen. Um zu wissen, ob jemand anderer in den Strom eingetreten ist, musst du selbst zumindest auch so weit sein. Um zu wissen, ob jemand ein Buddha ist, musst du selbst ein Buddha sein.

Wie kann ich meinen eigenen Fortschritt erkennen? Oder ist das unerheblich?
Nein, das ist sicher wichtig. Aber die Sache entwickelt sich nicht so wie bei anderen Projekten, die man sonst im Leben hat. Oft stellt sich Fortschritt ein, wenn man aufgibt, wenn man glaubt, es geht einfach nicht weiter. Man gibt alles auf und legt es zur Seite und dann plötzlich, unter der Dusche, kommt die Einsicht. Die ganze Vorarbeit war aber natürlich wichtig.

Viele Menschen, so wie ich, fangen an zu meditieren, fallen dann für lange Phasen raus, fangen wieder an. Gibt es in so einem Fall Fortschritte oder ist die ganze Bemühung vergeblich, wenn ich nicht wirklich konsequent regelmäßig praktiziere?
Es ist nie vergeblich. Aber allgemein lässt sich das schwer sagen. Deine spirituelle Entwicklung hängt nicht nur davon ab, wie viel Energie du in diesem Leben in die Praxis steckst. Sie hängt auch davon ab, wie viel Verdienst du in früheren Leben bereits angesammelt hast, mit welchen Qualitäten des Geistes und des Herzens du dieses Mal geboren wurdest.

Wir fangen also nie bei Null an?

Nein, wir stehen nicht als unbeschriebene Blätter gleich an der Startline. Es kann sein, dass jemand fünfmal meditiert und dann gleich in den Strom eintritt. Ich habe öfters von Lehrern gehört, dass Menschen in Asien viel mehr Glauben und Vertrauen in die Lehre haben. Und es gibt dort allgemein kulturell bedingt großen Respekt vor dem buddhistischen Klerus, speziell bei ganz einfachen Menschen auf dem Land. Wenn zum Beispiel ein Reisbauer zu einem Lehrer geht und der sagt ihm: Hör auf zu denken und schau nur auf deinen Atem! Dann macht der das einfach. Der kann das und kann enorme Fortschritte machen. Während ein anderer, zum Beispiel ein Universitätsprofessor aus den USA, der alle buddhistischen Bücher auswendig kennt, sich hinsetzt und an seinem komplexen Geist verzweifelt. Und irgendwann gibt er auf und vielleicht passiert es dann. Aber der Reisbauer ist dann unter Umständen schon hundertmal weiter. Er zweifelt nicht an den Anweisungen und setzt sie eins zu eins um. Man weiß nie, welche Türen sich einem öffnen. Auf jeden Fall ist es sehr hilfreich, mit jemandem Zeit zu verbringen, der schon weiter voraus ist. Wenn ich selbst nicht so viel Zeit mit Ajahn Buddhadasa verbracht hätte, wer weiß, ob ich dann das Durchhaltevermögen gehabt hätte, dem Weg zu folgen, der sich mir eröffnet hat. Als ich ins Kloster gekommen und Novizin geworden bin, habe ich mehrere Praxisformen ausprobiert, unter anderem auch Vertiefungen, auf Pali Jhanas. Das sind verschiedene Stufen tiefer Konzentration, die in den buddhistischen Texten oft erwähnt werden. Das war allerdings nicht der passende Ansatz für mich und über die Jahre ist meine Praxis eigentlich immer einfacher geworden.

Bis ich meinen Weg gefunden habe, hat es seine Zeit gebraucht, allerdings habe ich nicht gleich aufgegeben, wenn es nicht so gelaufen ist, wie ich mir das vorgestellt hatte. Ich habe immer gewusst, dass ich irgendwann einmal das für mich Passende finden würde. Woher dieses Vertrauen kommt, weiß ich nicht. Wenn man die Praxis auf viele Leben ausgedehnt betrachtet – was ja der Wirklichkeit entspricht –, braucht man sich darüber nicht wirklich den Kopf zu zerbrechen. Irgendwann wird es schon zusammenkommen.

Wir haben schon über das Fundament für die buddhistische Praxis gesprochen, die Zuflucht und die Fünf Ethischen Grundsätze. Was gehört noch zur Praxis einer Buddhistin?
Die Fünf Ethischen Grundsätze sind sehr lebensnah und weitreichend, wenn du sie wirklich in dein Leben integrierst. Sie gelten nicht nur, wenn du im Meditationszentrum bist, sondern auch bei der Arbeit oder wenn du einkaufen gehst, einfach immer.

Und die Meditation gehört natürlich auch mit zur Praxis. Ohne das Kultivieren von Achtsamkeit geht es nicht. Du kannst nicht einmal die Fünf Ethischen Grundsätze einhalten, wenn du nicht eine gewisse Achtsamkeit hast. Wenn du deine Muskeln trainieren möchtest, brauchst du dafür gewisse Geräte; es ist schwierig, Achtsamkeit zu trainieren ohne Meditation. Die Meditation muss nicht unbedingt im Sitzen mit gekreuzten Beinen erfolgen; du kannst auch Achtsamkeit trainieren, ohne dass du diese Position einnimmst. Aber diese Position hat sich über die Jahrtausende bewährt. Wenn der Körper in einer gut geerdeten, stabilen Position ruht, fällt es viel leichter, die Achtsamkeit auf den Geist zu lenken.

Wie ist es, wenn ich mein bisheriges Leben mit Beruf und Familie weiterführen möchte und den Turbo in meiner Praxis anwerfen möchte?
Dazu musst du innerhalb deines täglichen Lebens schauen, worauf du verzichten kannst, um mehr Zeit zum Meditieren zu gewinnen. Deine Prioritäten können sich ändern. Statt fernzusehen kannst du meditieren und danach eine Stunde früher schlafen gehen zum Beispiel. Am nächsten Tag stehst du dann eine Stunde früher auf, um zu meditieren, bevor dein gewöhnlicher Alltag beginnt. Man kann also immer Raum für die Praxis schaffen, wenn man wirklich will.

Gibt es irgendwelche Methoden, wie man schneller ans Ziel kommt?
Jeder Lehrer wird sagen: meine! – weil diese Methoden eben für sie oder ihn funktioniert haben.

Wenn ich dich als Freundin und Lehrerin frage?
Dann sage ich: Hör auf deine innere Führung und besprich es mit jemandem, der sich auskennt und dem du vertraust. Vielleicht belügst du dich ja selbst. Und da wäre es gut, herausgefordert zu werden von jemandem, der bereits weiß, wie es geht. Wichtig ist, sich immer wieder zu fragen: Was wäre

mir wichtig, würde ich jetzt sterben? Das hilft, Prioritäten zu setzen, was nicht bedeutet, seinen Verpflichtungen, etwa Familie und Kindern gegenüber, nicht mehr nachzukommen. Das wäre eindeutig unheilsames Handeln.

So stehen wir also am Start mit unterschiedlichen Handicaps, mit unterschiedlicher Fitness, mit unterschiedlichem Gepäck und in unterschiedlichen Schuhen. Und das Ziel ist die Erleuchtung?
Erwachen ist ein besserer Ausdruck. Erwachen heißt, nicht mehr anhaften an den Freuden, den Ängsten, den Hoffnungen, es heißt total im Fluss des Lebens sein, total offen dafür sein, so, wie es ist. Das kann man sich nicht vorstellen, das kann man nur im Moment direkt erleben. Aber es gibt Wegweiser: Etwa, indem man sich anschaut, wie der Geist anhaftet und welche Auswirkungen das hat. Sobald du in den Strom eingetreten bist, hast du keine Zweifel mehr, dass es möglich ist.

Solange das nicht stattgefunden hat, wird der Zweifel immer wieder da sein. Daher ist es hilfreich, sich mit Menschen zu umgeben, die weiter sind als du. Du hörst dir Lehrreden an, du fragst, du stellst Fotos von deinen Lehrern und Meisterinnen auf deinen Schrein. Du holst dir einen Segen, du bekommst einen Zufluchts-Namen und ein Segens-Bändchen. All diese geschickten Mittel helfen dir, das Vertrauen und den Glauben aufrechtzuerhalten, dass du diesen Weg schaffen kannst. Bis du es wirklich selbst verwirklicht hast, und dann brauchst du das alles nicht mehr.

Die Lehre wird mit einem Floß verglichen, das wir zum Übersetzen ans andere Ufer brauchen. Danach können wir es einfach zurücklassen, da die Arbeit getan ist. Wir brauchen dieses Floß nicht länger mit uns herumzutragen.

Wie viel Anstrengung kostet es, bis zum Stromeintritt zu gelangen?
Das kann man nicht einfach so sagen, das kommt darauf an, wie und wo man startet. Wenn man es mit der Musik vergleicht: Einer startet schon als Kind als kleiner Mozart, ein anderer als totaler Tölpel. Aber der Tölpel hat vielleicht uneingeschränktes Vertrauen, wenn ihm die Lehrerin etwas sagt, weil er so einfach gestrickt ist. Das muss kein Nachteil sein.

Der Stromeintritt wirkt sich auf die Wiedergeburten aus, es wird gesagt, dass man nach dem Stromeintritt noch bis zu sieben Mal im Daseinsbereich Mensch oder als höheres Wesen wiedergeboren wird, aber nicht mehr als Tier, Höllenwesen oder hungriger Geist.

Mit der Vorstellung von Wiedergeburten und Daseinsbereichen betreten wir für Nichtbuddhistinnen und Nichtbuddhisten schwer verständliches Terrain. Wie könnte man das einfach erklären?
Zwei Schlüsselbegriffe der buddhistischen Lehre sind Samsara und Nirvana. Samsara kann mit dem Kreislauf des Daseins oder der Wiedergeburten übersetzt werden. Das Dasein wird als ewig rastloses auf- und niederwogendes Meer gesehen. Die Wesen sind gefangen in einem scheinbar unauflöslichen Prozess des immer wieder Geborenwerdens, des Alterns, Krankwerdens und Sterbens.

Nirvana ist das Erlöschen, der Ausstieg aus diesem Kreislauf des Daseins und das Ziel der buddhistischen Praxis. Samsara ist ein Blick auf die Welt und nicht ein Ort an sich: der unerwachte, der unerleuchtete Blick auf die Welt und das Leben. Da ist immer ein Wollen und ein Wirken mit dabei, das auch der Grund für das Erleben von Leid und Unzulänglichkeit ist.

Nehmen wir als Beispiel meine Lesebrille. Sie ist ja an und für sich nicht unzulänglich. Aber wenn ich will, dass diese Brille ewig hält und sich meinen mit dem Alter sich verändernden Augen anpasst, werde ich die Erfahrung der Unzulänglichkeit dieser Brille machen. Weil ich will, dass diese Brille etwas anderes ist, als sie wirklich ist und für mich sein kann. So kann Samsara erklärt werden.

Wenn jedoch alle Gier, Aversion und Verblendung aus dem Bewusstseinsstrom ausgewaschen sind, wird dieselbe Situation als Nirvana erlebt, weil der Blick auf die Dinge im Einklang damit ist, wie sie wirklich sind.

Im Buddhismus kennt man die Sechs Daseinsbereiche, in die man entsprechend seinen vorangegangenen absichtsvollen Handlungen wiedergeboren werden kann: den Bereich der Höllen, den Bereich der Hungergeister, den Tierbereich, den menschlichen Bereich, den Bereich der Asuras oder eifersüchtigen Götter und den Bereich der Himmelswesen oder Devas.

Es gibt zwei verschiedene Interpretationen: Einerseits wird angenommen, dass das wirklich Bereiche sind, wo man entsteht oder geboren wird. Es gibt allerdings auch die Annahme, dass du jeden Tag unzählige Male in diese Bereiche hineingeboren wirst, dass es sich dabei um rein geistige und emotionale Erfahrungen handelt.

Ein Drogensüchtiger würde demnach einen großen Teil seines Tages im Bereich der Hungergeister verbringen. Wenn er dann voll auf Droge ist, wäre er vielleicht für ein oder zwei Stunden ein Himmelswesen, und wenn die Droge wieder abklingt, fällt er hinunter in den Höllenbereich. Während eines guten Essens sind wir für einen Moment im Himmel. Und zehn Stunden später haben wir wieder Hunger, so geht das ständig immer weiter. Aber es ist möglich, aus diesem scheinbar endlosen Kreislauf auszusteigen.

Wie kommt man aus so einem Bereich wieder heraus?
Durch Einsicht. Man sagt, dass man die besten Voraussetzungen für die buddhistische Praxis hat, wenn man im Bereich Mensch geboren wurde. Im menschlichen Bereich herrscht einigermaßen ein Gleichgewicht zwischen Leid und Annehmlichkeit. Bei uns ist man, anders als ein Hungergeist, nicht ständig im totalen Stress, weil man nicht genug hat. Im Tierbereich herrscht Angst und in der Hölle ist so viel Leid und Schmerz, dass kein Raum um die Erfahrung herum entstehen kann und man daher keinen Fortschritt in Richtung Befreiung machen kann.

Im Bereich der Asuras herrscht totale Ablenkung wegen ständiger Konkurrenzkämpfe und bei den Himmelswesen gibt es so viel Annehmlichkeit, dass es überhaupt keinen Anreiz zur buddhistischen Praxis gibt. Deswegen sagt man, dass es sehr wichtig ist, die Chance, als Mensch geboren zu sein, voll zu nutzen. Niemand, der nicht zumindest in den Strom eingetreten ist, hat die Garantie, dass er oder sie wieder im menschlichen Bereich geboren wird.

Die Minimalanforderungen für einen Buddhisten oder eine Buddhistin sind also die Fünf Ethischen Grundsätze, die Zuflucht sowie die Praxis, das heißt Meditation und das Kultivieren von Achtsamkeit.
Ja, das ist es.

Was ist der grundlegende Unterschied zwischen dem Weg als buddhistische Nonne und dem Weg als Laiin?
Da gibt es keinen grundlegenden Unterschied. Regeln, Zufluchtnahme und das Training in Achtsamkeit. Für mich als Nonne ist es intensiver. Ich nehme einfach mehr Regeln an. Wir könnten die volle Ordination unter Umständen als freiwillige Zwangsjacke bezeichnen, die sich über die Jahre in einen Anker verwandelt – einen Anker, der unseren eigenen Ausdruck des Dharma erdet und damit erst wirklich effektiv macht.

Das ist so, als würde ich die Temperatur unter dem Kochtopf erhöhen, ansonsten ist unsere Praxis denselben Vier Edlen Wahrheiten unterstellt, ob ich nun Nonne bin oder Laiin. Ich habe mehr als dreißig Jahre in Klostergemeinschaften gelebt und gelernt, was eine gute Unterstützung dafür ist, die Regeln unkompliziert einhalten zu können. Zusätzlich meditiert man im klösterlichen Tagesablauf auch mehr.

Gibt es so etwas wie Gelübde?
Wir haben keine Gelübde. Wir sprechen von Regeln oder Übungsregeln, diese sind in einem Handbuch namens Patimokkha festgehalten. Darin gibt es vier Klassen von Regeln –

auf der höchsten Stufe, Parajika, gibt es acht für die Nonnen und vier für die Mönche. Wenn ich eine der Regeln der höchsten Stufe breche, bin ich keine Bhikkhuni mehr. Selbst wenn ich meine Robe nicht ablege, bin ich, im karmischen Sinn gesprochen, keine Bhikkhuni mehr.

Hast du es jemals bereut, dass du den Weg als Nonne gehst?
Nein, ich habe es nie bereut. Mir war immer klar, dass ich einfach aufhöre, wenn ich dieses Leben einmal nicht mehr will. Dazu brauche ich lediglich eine Person, die verstehen kann, was ich sagen will. Nachdem ich den Satz »Ich gebe das Training als Bhikkhuni auf« dreimal ausgesprochen habe, ziehe ich mich einfach um, und das war es schon. Ich kann später sogar wieder ordinieren, allerdings nicht mehr als Bhikkhuni, aber als Samaneri, als Novizin.

Im Theravada kannst du Mönch oder Nonne für ein paar Tage werden. Zum Beispiel, wenn die Großmutter gestorben ist, kannst du den Verdienst deiner Ordination für ihre Weiterreise ins nächste Leben offerieren. Das sind kulturelle Traditionen. Mein Ex-Mann war vor unserer Hochzeit auch Mönch für eine Woche, das sollte gut für die Ehe sein. Bei uns hat das allerdings nichts geholfen.

Wie ist deine Verpflichtung der Gesellschaft gegenüber?
Ich habe in der Waldtradition gelernt – wir sind kontemplativ und wir unterrichten. Leute können mit uns in Gemeinschaft leben, wenn sie in der Lage sind, den täglichen klösterlichen Ablauf mitzumachen. In Asien gehen Mönche und manchmal

auch Nonnen früh morgens ins Dorf auf Almosenrunde. Das ist ein Service, das den Leuten noch vor Arbeitsbeginn die Möglichkeit gibt, positive Handlungen und damit Verdienste machen zu können, ohne dafür zum Kloster gehen zu müssen. Gleichzeitig bekommen die Mönche und Nonnen das tägliche Essen zur Verfügung gestellt.

Wenn wir zum Beispiel auf den lokalen Bauernmarkt gehen, stehen wir einfach dort mit unseren Schalen und bieten eine Möglichkeit an. Das System des Almosengebens ist gewissermaßen auch ein Kontrollmechanismus, dass Mönche und Nonnen nur dort sein können, wo sie von der umgebenden Gemeinschaft geschätzt und daher unterstützt werden. Die Laienunterstützerinnen und -unterstützer geben die Vier Gebrauchsgegenstände: Essen, Kleidung, Behausung und Medizin. Die Ordensleute, die Samanas, stellen sicher, dass die buddhistische Lehre weitergetragen wird, und helfen in vielen Lebenslagen, erteilen Ratschläge und führen Zeremonien durch. Das ist ein gegenseitiges Geben und Nehmen, wie in jeder anderen Religion.

Du selbst darfst kein Geld anfassen und kein Geld besitzen?
Wenn eine alte Frau einen Geldschein auf den Boden fallen lässt und sich nicht danach bücken kann, fasse ich es schon an. Es geht nicht ums Anfassen, es geht darum, dass ich kein Geld kontrolliere. Ich kann weder ein Konto auf meinen Namen haben noch ohne eine Mittelsperson etwas kaufen. Nach dem Tod meines Vaters habe ich etwas Geld geerbt, das mein Bruder für mich verwaltet. Das Geld ist dazu da, um meine

Praxis zu unterstützen, um zu reisen und einen Lehrer oder eine Lehrerin zu sehen oder um Bücher oder eine spezielle Medizin zu bezahlen.

Ich kenne buddhistische Nonnen und Mönche, die viel Geld in ihr Kloster mitgebracht haben. Sie haben damit Häuser, Land und riesige Umbauten bezahlt. Aus meiner Sicht ist es wichtig, zu Frauen, die sich für das Training im Kloster interessieren, zu sagen: Brecht eure Brücken nicht ab, gebt eure Ersparnisse et cetera vorerst nicht auf. Wartet einmal fünf oder zehn Jahre und schaut, ob ihr das wirklich machen wollt. Am Anfang schaut alles so rosig aus und später kann es sich unter Umständen ganz anders entwickeln.

Es ist klar, dass Geld eine wichtige Funktion hat. Wir glauben nicht, dass wir ohne Geld leben könnten. Aber wir haben eine andere Beziehung zu Geld als die meisten Menschen.

Lehre und Leere

Ich glaube, ich bin nicht allein, wenn ich sage, dass das Konzept der Wiedergeburt – zumindest im Westen – erklärungsbedürftig ist. Und es steht ja irgendwie ganz am Anfang des buddhistischen Weges. Muss ich als Buddhistin an die Wiedergeburt glauben?

Nein. Es gibt viele Laienbuddhistinnen und Laienbuddhisten, die sich nicht wirklich mit dem Konzept der Wiedergeburt anfreunden können. Man kann die Frage einfach offenlassen, im Sinn von: Ich glaube es nicht, aber ich sage auch nicht, dass es nicht wahr ist. Ich weiß es einfach nicht. Ich selbst habe nie einen Zweifel an der Wiedergeburt gehabt. Im Kloster Suan Mokkh ist nicht gleich am Anfang über Wiedergeburt gesprochen worden. Es war ein fortschrittliches Kloster und man hat versucht, die buddhistische Lehre so darzustellen, dass sich Menschen aus dem Westen angezogen fühlen. Man hat versucht, Buddhismus ohne zu starke kulturelle Färbung zu vermitteln.

Wenn man mich fragt, welche Art von Buddhismus ich praktiziere, könnte ich auch sagen, dass ich mich nicht entscheiden kann und auch nicht entscheiden muss. Jeder Ansatz hat seine Stärken. Meine buddhistische Praxis ist maßgeschneidert für meine aktuellen Bedürfnisse. Sie ist die passende Medizin für meinen Geist und in Übereinstimmung mit dem frühen Buddhismus, der Kernlehre, die allen Schulen des Buddhismus zugrunde liegt.

Es gibt buddhistische Lehrer wie zum Beispiel den früheren buddhistischen Mönch Stephen Batchelor, die ausführlich darüber schreiben, dass der Glaube an Wiedergeburt lediglich ein kulturelles Gepäck ist und eigentlich keinen Platz im heutigen Buddhismus hat.

Ich selbst denke, dass es ein großer Ansporn zur Praxis ist, wenn man an Wiedergeburt glaubt. Es macht klar, dass ich meinen Schwierigkeiten nicht ausweichen kann. Ich kann aus dem ganzen Prozess nicht einfach mutwillig aussteigen. Das ist es, was Wiedergeburt bedeutet. Die Geistestrübungen, an denen ich nicht arbeiten will, die ich nicht auflöse, muss ich irgendwann einmal später auflösen. Wenn ich mein Zimmer erst in zehn Jahren putze, habe ich den Dreck von zehn Jahren drin. Wenn ich es jetzt putze, ist es entsprechend weniger.

Der Aspekt des Ansporns ist für mich gut nachvollziehbar. Aber ist nicht die buddhistische Lehre als Ganzes darauf aufgebaut, dass man aus dem Kreislauf der Wiedergeburten aussteigen will. Das muss man doch glauben, um Buddhist zu sein, oder?
Du kannst mit der Absicht ins Fitnessstudio gehen, dir das absolute Maximum an Muskeln, das ein Mensch entwickeln kann, anzutrainieren. Oder du willst nur ein wenig stärker werden, sodass du deine Kisten hochheben kannst. Du musst nicht unbedingt den ganzen Weg der Lehre gehen, bis zum völligen Erwachen, du hast ja bereits einen Nutzen, wenn du besser mit deinen Emotionen umgehen kannst.

Vielleicht fängst du mit der Praxis deshalb an, weil du weniger Stress in deinem Leben haben und weniger Fehler in deinem sozialen Umfeld machen willst. Das kann ein zumindest vorläufiges Ziel sein, einfach nur, damit es dir besser geht. Du bemerkst, dass diese Lehre funktioniert und langsam, aber sicher willst du mehr darüber wissen. Ein Jahr und noch ein Jahr … und irgendwann bist du im Fluss, es kann durchaus ein stufenweises Einsteigen sein.

Muss ich nicht das vollständige Erwachen oder den Ausstieg aus dem Kreislauf der Wiedergeburten anstreben, damit man mich als Buddhistin wahrnimmt?
Nein. Und außerdem ist es ja egal, ob dich jemand als Buddhistin wahrnimmt. Der Buddha war auch kein Buddhist. Das ist alles erst nachher gekommen, aber manche Leute finden es schon hilfreich, zumindest am Anfang der Praxis.

Als ich 1989 aus Thailand nach Österreich zurückgekommen bin, habe ich mich bei der Österreichischem Buddhistischen Religionsgemeinschaft in Wien als Buddhistin in eine Liste eintragen lassen. Ich habe ein Stück Papier bekommen: Sylvia Bayer ist eine Buddhistin. Das hat mir damals geholfen, jetzt kümmert es mich nicht besonders, wer mich als was wahrnimmt.

Wie bereits erwähnt, als Buddhistin ist man angehalten, die grundlegenden Anforderungen zu praktizieren, das sind die Fünf Ethischen Grundsätze und die Drei Zufluchten. Sie dienen in deinem Leben als eine Art GPS. Angenommen, du machst dich zu Fuß auf den Weg von Wien nach Kathmandu.

Das GPS sagt dir die Richtung. Du wirst in diesem Leben vielleicht nicht dort ankommen, aber das ist egal. Hauptsache du bewegst dich in Richtung Kathmandu und nicht in Richtung Amsterdam. Du gehst so weit, wie du kannst, und wenn man in diesem Beispiel Kathmandu mit vollem Erwachen gleichsetzen will, kann es sein, dass du in Kabul strandest. Das ist zwar schon weit, aber noch nicht Kathmandu.

Stell dir eine Kerze vor, die fast abgebrannt ist, und bevor sie erlischt, zündest du mit der Flamme eine neue Kerze an. Ist das jetzt dieselbe Flamme wie die von der vorherigen Kerze oder nicht? Es ist nicht dieselbe Flamme, aber auch keine andere. Wenn irgendetwas wiedergeboren wird, ist es die Dynamik oder der Impuls des Brennens selbst.

Wenn du dir einen Fluss vorstellst, ist es die Strömung des Flusses, die wiedergeboren wird. Das Fließenwollen findet immer wieder einen anderen Rahmen, einen anderen Gastgeber, einen anderen Körper. Jemand will ein Bodhisattva werden und jemand anderer will die Kronjuwelen rauben. Beides ist ein Wollen, aber es ist eine unterschiedliche Qualität von Wollen, und die ethische Qualität dieses Wollens bestimmt, wo die Wiedergeburt stattfindet. Das ist nicht so schwer zu verstehen, oder?

Nein, das ist nicht schwer zu verstehen. Was mich verwirrt, ist die Vorstellung, dass wirklich ein Ego, eine Persönlichkeit, wiedergeboren wird. In dem Sinne, ich war einmal Gustav Klimt, meine Nachbarin oder die heilige Maria.

Wenn man an solchen Vorstellungen zu stark anhaftet, landet

man in der psychiatrischen Klinik. Die sind ja voll von Jesussen und solchen Leuten.

Der Buddha hat gesagt, wenn du mit deinem dualistischen Denken erfassen willst, was Karma wirklich ist, wer du in der Vergangenheit warst und wer du in der Zukunft sein wirst, wird dein Kopf in sieben Stücke zerspringen. Es ist schlichtweg unmöglich. Das ist eine der Fragen, die sich von selbst beantworten, indem sie mit der Zeit wegfallen. Nur wenn das Ego wirklich groß ist, willst du wissen, was du in der Vergangenheit warst und was du in der Zukunft sein wirst.

Vor vielen Jahren ist mein Vajrayana-Lehrer einmal in Gestalt einer Vision aufgetaucht und ich begann bald darauf, alle meine Träume auf ihn zu projizieren. Diese Vision war rückblickend eine sehr geschickte Art und Weise, mein Ego anzufachen. Ich habe mich gefragt, ob er mich vielleicht wiedererkannt hat, ob ich etwas Besonderes bin und bla bla bla. Ich habe sehr gelitten und hatte große Sehnsüchte, irgendwie besonders und jemand Wichtiges zu sein, wohl weil ich das Gefühl hatte, für meinen Vater nie genug besonders gewesen zu sein. Und dazu kommt noch die ganze kulturelle Prägung, dass eine Frau einen Mann braucht und so weiter. Für einen Menschen etwas ganz Besonderes zu sein, das wollte ich damals sehr stark. Durch meinen Lehrer ist dieser Wunsch mit voller Wucht ins Bewusstsein gekommen.

Heute denke ich, dass man das mit einer Übertragung in der Psychotherapie vergleichen kann. Es war eine Art Rosskur.

Damals war ich eine Siladhara[14] und habe mich an meinem Training festgehalten. Dafür sind die Regeln da, wie die Haltegriffe im Autobus. Wenn der Bus losfährt, kannst du dich festhalten und gerade stehen, ohne dass du zum Fenster rausfliegst oder sonst irgendetwas passiert.

Die Regeln sind eine Unterstützung für die Praxis. Viele Menschen verstehen das nicht, es geht nicht darum, sich aus Angst vor dem Leben hinter den Regeln zu verstecken. Die Regeln sind zur Orientierung da, wenn du nicht mehr klar denken kannst. Wenn sich alles wieder beruhigt hat, kannst du die Haltegriffe einfach loslassen – bis zum nächsten Sturm. Wenn ich in dieser Situation keine unterstützende Gemeinschaft gehabt hätte, wäre es vielleicht explosiv geworden, was da in meinem Geist ausgelöst wurde. Und jetzt ist es weg. Dieses Zusammentreffen mit meinem Lehrer hat meinen Heilungsprozess schon sehr beschleunigt.

Und diese Vision aus heutiger Sicht: Bist du jetzt der Meinung, dass dein Lehrer sie erzeugt hat oder dein eigener Geist?
Ich weiß bis heute nicht, wer was gemacht hat. Das zu wissen, war mir einmal wichtig, aber jetzt ist es für mich kein Problem mehr. Das unaufgelöste Thema mit meinem Vater, meine unerfüllten Phantasien, das kulturelle Programm vom starken Mann … all diese Geistesinhalte sind durch die Vision total entflammt. Jetzt kann ich das verstehen, die ganze Situation war gewissermaßen ein maßgeschneidertes geschicktes Mittel

14 Spezielle Form der Nonnenordination in der Ajahn-Chah-Linie.

oder Medizin für mich. Darum gibt es auch so viele verschiedene Lehrende und verschiedene Richtungen im Buddhismus, um weitgefächerte Bedürfnisse abdecken zu können.

Im Vajrayana hört man immer wieder von Erlebnissen, dass ein Lehrer einen Schüler oder eine Schülerin wiedererkennt.
Ja, das gibt es. Ich glaube auch, dass mich mein Vajrayana-Lehrer wiedererkannt hat. Er hat mir jedoch nie etwas dazu gesagt, mein Ego hätte damals zu viel daraus gemacht. Ich bin ja nicht die Einzige, die er wiedererkennt, er erkennt wahrscheinlich Hunderte von Leuten wieder. Er ist ein hoher Bodhisattva, der die entsprechenden Gelübde abgelegt hat und Verantwortung für viele Leute übernimmt, nicht nur für die kleine Santacitta.

Der Wunsch, etwas Besonderes zu sein, ist mir nicht fremd. Der geheime Wunsch, ich sei schon fortgeschritten und weiß es selbst noch nicht – bis ein Lehrer kommt und mich wiedererkennt. Was hat es mit diesem Wunsch, etwas Besonderes zu sein, auf sich?
Ich glaube, dass jeder und jede etwas Besonderes sein will. Je stärker das Ego ist, desto mehr will man etwas Besonderes sein, entweder in einer lauten oder in einer zurückgezogenen Art und Weise. Es gibt viele Manifestationen davon, etwas Besonderes sein zu wollen. Dieser Wunsch wird mit der Zeit durch die Praxis und auch durch Therapie immer mehr schrumpfen. Wenn das Ego sehr verletzt ist, muss es zuerst durch Therapie einigermaßen geheilt werden, um die buddhistische Praxis wirklich nutzen zu können, und dann fallen solche Fragen mit der Zeit einfach weg.

Wenn im Buddhismus von Wiedergeburt die Rede ist, kommt schnell der Begriff Karma ins Spiel. Die beiden hängen eng miteinander zusammen?
Natürlich. Die Qualität der Wiedergeburt hängt vom Karma ab. Karma bedeutet absichtsvolles Handeln. Deine Wiedergeburt hängt von deinem absichtsvollen Tun mit Körper, Rede und Geist ab. Die Qualität der Wiedergeburt bezieht sich nicht unbedingt auf materielle Umstände wie reich oder arm, sondern, wie sehr die jeweiligen Lebensumstände den Fortschritt im Dharma unterstützen. Ob es viele einschränkende Hindernisse gibt oder ob sich ein Tor nach dem anderen öffnet.

In Bezug auf meine Lehrer habe ich rückblickend offenbar sehr gutes Karma gehabt. Da haben sich alle Tore aufgetan, während in Bezug auf ein sogenanntes normales Leben alle Tore zugegangen sind. Das hat mich in eine Richtung bugsiert, die ich im Alter von 28 Jahren niemals freiwillig eingeschlagen hätte.

Auch ich habe in meinem Leben wohl Glück gehabt mit buddhistischen Lehrern. Allein, dass wir beide uns begegnet sind. Und ich habe auch schon große Lehrer persönlich getroffen. Doch es gelingt mir nicht, dasselbe daraus zu machen wie du.
Du hast wohl nicht die Dringlichkeit in der gleichen Art und Weise verspürt wie ich. Im Grunde genommen spielt das auch keine Rolle – darum ist es so wichtig, auf die eigene innere Führung zu vertrauen. Jeder macht das, was richtig für sie oder ihn ist. Es geht ja nicht darum, wie schnell du bist. Wichtig ist, dass du dich in die richtige Richtung bewegst, und das halt in dem

Tempo, das für dich angebracht ist. Vielleicht hast du noch andere Sachen zu erledigen, in deinem Fall musstest du vielleicht deinen jetzigen Ehemann treffen. Du hast das gemacht, was du gemacht hast, und gehst gleichzeitig in die richtige Richtung.

Das eigene Tempo zu finden, hört sich beruhigend an. Trotzdem kann man so etwas wie spirituellen Ehrgeiz entwickeln, oder?
Nenn es lieber einen Sinn für die Dringlichkeit, dafür gibt es sogar ein Paliwort: Samvega. Die Fünf Kontemplationen oder im Vajrayana die Vier Gedanken, die den Geist dem Dharma zuwenden, sind dazu da, um dieses Samvega wachzurufen, anzufachen. Dieser Sinn für Dringlichkeit führt dazu, heilbringende Prioritäten im Leben zu setzten und dafür die Abhängigkeit von Komfort jeglicher Art zunehmend aufzugeben.

Ein Sinn für die Dringlichkeit ist auf jeden Fall hilfreich, wenn wir daran denken, wie verletzlich unser Körper und unser Geist sind, was alles passieren kann. Ich brauche da nur an die Klimakrise zu denken. Es ist mehr als angebracht zu denken: Lass mich mein Leben nicht vergeuden! Das ist kein Ehrgeiz, sondern eine realistische Sichtweise. Ich könnte ja jeden Moment sterben! Jetzt bin ich als Mensch geboren und weiß nicht, ob ich im nächsten Leben wieder als Mensch geboren werde. Wenn ich auf dem Totenbett liege, könnte Angst hochkommen, weil ich mich nicht genug bemüht habe, sodass ich mit dem Gefühl sterbe, nicht mein Bestes gegeben zu haben.

Ich möchte noch einmal auf die Frage zurückkommen, was ich als Buddhistin glauben muss. Was im Buddhismus mit spirituellen oder religiösen Begriffen bezeichnet wird, sind für die Wissenschaft biochemische Prozesse. Wenn der Mensch tot ist, dann ist da nichts mehr im wissenschaftlichen Sinn. Was ist der Geist? Kannst du diesen Begriff erklären?

Es gibt Bewusstsein, das kannst du wie jeder Mensch selbst erfahren. Der Geist ist allerdings eines jener Phänomene, die die moderne Wissenschaft immer noch nicht wirklich erklären kann. Was ist der Geist? Wer erzeugt den Geist? Ist es das Gehirn? Man weiß es nicht, aber du erlebst deinen Geist in jedem Moment und kannst ihn beobachten.

Das Ego ist, wie ich schon gesagt habe, die Summe der Gedankenmuster, die über unzählige Leben oder zumindest über dieses Leben aufgebaut wurden. Mit fortschreitender buddhistischer Praxis werden diese Muster immer mehr ausgedünnt, bis sie sich völlig aufgelöst haben. Voll erwachte Menschen haben immer noch einen Charakter, sie sind nicht alle gleich, aber es besteht kein Anhaften mehr.

Für den dualistischen Geist ist es unmöglich, sich vorzustellen, wie das wirklich ist. Eine voll Erwachte wird noch so lange mit ihrem Körper leben, bis dieser stirbt und zu den Elementen zurückkehrt. Sie wird nach dem Erwachen weiterhin essen und trinken, zum Arzt gehen und die Zeitung lesen, aber sie identifiziert sich nicht länger mit diesen Vorgängen. Da sind nur diese beiden Prozesse, der Körper und der Geist, aber es gibt niemanden, dem sie angehören – sie sind einfach Teil der Natur. Es gibt keinen unveränderlichen Kern, der als

Zentrum oder Identität erfahren wird. Die Flamme des Wollens und Wirkens ist endgültig erloschen, und damit ist das volle Erwachen oder Nirvana verwirklicht.

Und wie kann ich mir vorstellen, was mit einer völlig Erwachten nach dem Tod des Körpers passiert?
Der Buddha wollte darüber nicht sprechen. Im Hinduismus und den anderen religiösen Strömungen dieser Zeit wurde sehr viel Wert aufs Philosophieren gelegt. Der Buddha lehrte, dass das nicht wirklich sinnvoll ist. Er hat in einer seiner Lehrreden gesagt: Ich weiß über den ganzen Wald Bescheid, aber ihr müsst nur über die paar Blätter in meiner Hand wissen, um Freiheit von Leiden zu realisieren.[15] Damit hat er die Vier Edlen Wahrheiten gemeint. Wenn du dich damit wirklich auseinandersetzt, ist das genug für die Befreiung.

Du bist ja noch nicht erwacht, wie willst du so etwas verstehen, selbst wenn es dir ein Buddha erklärt? Du bist – wie ich – noch gefangen im dualistischen Geist. Diese Dinge können mittels Sprache nicht vollständig erklärt werden.

Also weiß ich bei der buddhistischen Praxis zu Beginn nicht genau, worauf ich mich einlasse. Ich sehe lediglich, dass es Menschen gibt, die sich darauf eingelassen haben und denen es aus meiner verschleierten Sicht gut geht. Und deswegen will ich auch dahin.
Das ist es. So, wie wenn du sagst: Ich war noch nie in Kathman-

15 Samyutta Nikaya 56:31, »In einem Palisanderwald«.

du, das interessiert mich und da will ich jetzt hin. Das Wichtigste ist, dass du in die richtige Richtung aufbrichst. Du weißt nicht, welches Karma du bereits angesammelt hast. Manchmal können sich ganz plötzlich große Durchbrüche einstellen. Aber wenn du daran festhältst, ist das genau das Rezept, wie es nicht passiert.

Das versteht man umso klarer, je weiter man auf dem Weg ist und auch durch die alten Geschichten, die von den oft skurrilen Beziehungen zwischen Lehrern und Schülern erzählen. Da erfasst man etwas mit dem Herzen – das ist nicht dualistisches Denken, sondern Intuition.

Wie kann man dualistisches Denken erklären?
Sprache ist dualistisch. Du weißt zum Beispiel nur, was gut bedeutet, wenn du weißt, was schlecht bedeutet. Alle Worte haben ein Gegenwort – schwarz und weiß, gut und schlecht, groß und klein. Ich kann nicht absolut sagen: Ich bin klein. Klein im Verhältnis zu was oder wem? Im Verhältnis zu einer bestimmten Frau bin ich groß und im Verhältnis zu einer anderen bin ich klein.

Kunst, etwa Poesie, kann sich manchmal über diese Dualismen erheben und hinwegsetzen. Da kommuniziert das, was sozusagen zwischen den Zeilen steht, was man nicht in Worte fassen kann.

Menschen, die höhere Grade von Verwirklichung erreicht haben, berühren andere ebenso, und wenn noch dazu eine Vorgeschichte aus anderen Leben da ist, ist die Berührung noch stärker.

Und unsere dualistische Sprache beeinflusst unsere ganze Weltsicht?
Ja, das Denken ist geprägt durch die Sprache. Wir denken in Worten. Die Hauptwörter sind dabei das größte Problem. Sie machen uns glauben, dass etwas wirklich ein separates Ding ist, getrennt von allen anderen. Das ist tief in uns eingeprägt. Würden wir über eine Uhr nicht als Uhr sprechen, sondern sagen: »es uhrt« – also ein Verb verwenden –, käme das dem Momenthaften, dem Prozesshaften der Wirklichkeit auf jeden Fall näher. Sprache und Begriffe haben die Funktion, Komplexität zu reduzieren, damit wir leben und kommunizieren können. Es ist auch eine Reduktion von Komplexität, die Prozessnatur der Phänomene in die Sprache nicht miteinzubeziehen. Würden wir das tun, könnte unsere Welt ganz anders ausschauen.

Wir haben einen Körper, wir müssen essen. Wir müssen uns in der Gesellschaft bewegen, wir müssen Regeln einhalten. Die Sprache ist dafür keine schlechte Lösung. Aber sie hat den Preis, dass unsere Sicht auf die Realität getrübt ist. Durch die buddhistische Praxis können wir dieser Trübung entgegenwirken. Das ist die Chance der menschlichen Geburt.

Darum wird der Buddhismus auch als der Mittlere Weg zwischen den zwei Extremen bezeichnet: sich nur um das Erwachen zu kümmern und nicht um das Ganze drumherum oder sich nur um das ganze Drumherum zu kümmern und nicht um die Praxis. Beide Extreme sind keine Lösung. Wir müssen immer wieder zur Mitte zurückkommen, und das dauert so lange, wie es eben dauert.

Der frühe Buddhismus, die Kernlehre, ist in Indien vor

über 2.500 Jahren entstanden. Der Buddha hat viele Begriffe, die bereits in Verwendung waren, zum Beispiel Karma, neu interpretiert. Zusätzlich hat er auch völlig neue Konzepte eingeführt, zum Beispiel das abhängige Entstehen und die Leerheit. Diese beiden Ansätze haben damals die gängigen Systeme in puncto Befreiungswirkung auf jeden Fall übertroffen. Der Buddha lehrte, dass wirkliche Befreiung nur durch Einsicht stattfinden kann. Ihm ging es um die permanente Befreiung des Geistes von Gier, Aversion und Verblendung, nicht nur um eine temporäre Befreiung, die durch Konzentrationszustände erfahren werden kann. Die Stabilität des ruhigen und gesammelten Geistes ist jedoch die unumgängliche Voraussetzung für die Einsicht in das abhängige Entstehen und die Leerheit – und diese Einsicht ist die Grundlage für wirkliche Befreiung. Das ist Weisheit.

Wenn man anfängt, die Vergänglichkeit, die Unzulänglichkeit und das Nicht-Selbst oder die Leerheit aller Dinge zu betrachten, werden diese drei Daseinsmerkmale zu Dharma-Toren, zu Eingängen in die Wirklichkeit und dadurch in die Freiheit. Über Vergänglichkeit haben zur Zeit des Buddha auch andere Leute nachgedacht, etwa der griechische Gelehrte Heraklit[16], der gesagt hat, dass man nicht zweimal in denselben Fluss steigen kann. Der Buddha hat das weitergeführt zur Leerheit aller Phänomene. Du kannst nicht in den Fluss namens Donau steigen, etwas herausnehmen und sagen, das sei die Seele der Donau. Der ganze Fluss heißt Donau und er ver-

16 520–460 v. Chr.

ändert sich ständig. Wir nennen ihn einfach Donau, um über ihn sprechen zu können, aber in Wirklichkeit ist die Donau ein Prozess. Ein unveränderlicher Kern der Donau existiert nicht. Das ist die Lehre von der Leere.

Das Gleiche kann man auch über Gender sagen. Es gibt nichts essentiell Weibliches oder Männliches. Es hat den Anschein, als würde diese Vorstellung jetzt mehr in den Mainstream des Denkens gelangen, dieses Erkennen, dass den einzelnen Phänomenen kein unveränderlicher Wesenskern innewohnt. Wenn jedoch Gier und Aversion stark getriggert werden, wenn es intensiv wird, verlieren wir uns in der Annahme einer separaten Existenz, weil eben unsere Prägung durch die Hauptwörter so tief ist.

Weil dann das Ich ganz stark wird und damit die Angst.

Deshalb ist es so wichtig, selbst in Situationen, in denen man total herausgefordert ist, sich daran zu erinnern, dass alles prozesshaft und veränderlich ist, dass es keine kernhafte Essenz in den Dingen gibt. Durch die Meditation werden Gier und Aversion stufenweise ausgewaschen, sodass man nicht länger darin untergeht, wenn man herausgefordert wird. Das ist alles. Waschen, waschen, waschen. Und dann siehst du alles immer klarer. Am Ende hast du nichts gewonnen, aber du hast viel losgelassen.

In unserem dualistischen Denken können wir uns etwas Positives nicht anders vorstellen, als dass man etwas bekommt. Doch auf dem buddhistischen Pfad gibst du auf, du gibst immer mehr auf. Am Ende sind dann alle deine Wünsche erfüllt, weil sie sich ganz einfach in Nichts aufgelöst haben. Das Auswaschen erfolgt stufenweise, manchmal führt unser Karma dazu, dass wir irgendwohin müssen, was wie ein Umweg aussieht. Das ist aber kein Umweg.

Man kann nicht alles auf dem Meditationskissen ausarbeiten. In manche Dinge muss man eben voll hineintauchen. Wenn du nicht entkommen kannst, musst du eben hinein und hindurch. Dann gehe lieber freiwillig hin und höre auf, dir vorzumachen, dass du schon weiter bist, als du wirklich bist. Mach das, was du dir so sehr wünschst, aber untersuche gleichzeitig, ob es wirklich so toll ist. Irgendwann hast du genug und es ist vorbei. Das geht schneller, als sich selbst etwas vorzumachen. Darum ist es so wichtig, ehrlich mit sich zu sein.

Eine Delle im Patriarchat

Ich komme jetzt zu einem wichtigen Aspekt auf deinem buddhistischen Weg, zu deinem Frausein. Du bist gemeinsam mit Ayya Anandabodhi 2011 zur Bhikkhuni ordiniert worden. Diese höchste Weihe als Nonne war im Theravada-Buddhismus den Frauen über tausend Jahre vorenthalten worden, ehe in den 1980er Jahren Bemühungen zu ihrer Wiedereinsetzung begannen.[17] *Ihr habt einen Beitrag innerhalb dieser Bestrebungen geleistet, der international viel Beachtung gefunden hat. Würdest du dich als Feministin bezeichnen?*

Ich weiß nicht genau, was du dir unter einer Feministin vorstellst. Ich setze mich für die Gleichberechtigung von Frauen ein und ich mache das nicht nur aus sozialen, sondern auch aus psychologischen Gründen. Es macht etwas mit unserem Geist, wenn wir uns als Frauen freiwillig oder gezwungen in eine untergeordnete Position begeben. Wenn du wirklich erwachen und die Verblendung hinter dir lassen willst, muss die ganze Kapazität deines Geistes verfügbar sein. Sonst geht das nicht.

Wenn du die Qualitäten, die zum Erwachen führen, zum vollen Erblühen bringen willst, schaffst du das nicht nur auf dem Meditationskissen. Du musst dir auch in deinem Leben

17 Vgl. Interview mit Ute Hüsken, Seite 179.

entsprechende Rahmenbedingungen schaffen und darfst dich nicht unterbuttern lassen. Das gehört zusammen. Verwirklichung bedeutet ja: Unsere Einsicht muss integriert und gelebt werden. Wenn du deine Einsichten nicht lebst, sind es keine wirklichen Einsichten.

Mit der Entscheidung, Nonne zu werden, haben sich für dich als Frau einige Themen gewissermaßen erledigt. Aus jetziger Sicht: Was für eine Frau warst du, bevor du Nonne wurdest?
Spontan fällt mir dazu ein, dass ich stark von meiner Mutter beeinflusst war. Sie war sehr auf ihr Aussehen bedacht und extrem modebewusst. Darüber, was Schönheit ist, hatte sie sehr enge Ansichten, und auf jeden Fall hat sie Schönheit mit Jugend verbunden. Vor der Pubertät war ich ziemlich mollig. Meine Mutter war darüber unglücklich, weil sie mich nicht so chic anziehen konnte, wie sie es gerne wollte. Einmal hat sie mir das sogar gesagt, was schon sehr verletzend war. Als Teenager hat sich das dann alles rasch verändert. In der Hotelfachschule bin ich innerhalb eines Jahres zur Frau geworden. Meine Mutter wollte auch immer, dass ich mich schminke und style, aber anfangs habe ich mich dagegen gesträubt. Damit habe ich erst später angefangen, als ich zum Studium nach Wien gekommen bin.

In dieser Zeit, zu Beginn der 1980er Jahre, habe ich mich gerne im Stil der 1950er Jahre und des Punk gestylt und geschminkt. Eine Zeit lang habe ich nur schwarz getragen, mir das Gesicht gepudert und die Haare schwarz und rosa gefärbt. Manchmal trug ich auch Männeranzüge, mit Krawatte und allem Drum und Dran. Kleider waren damals sehr wichtig für mich, ich habe wirklich sehr viele gehabt, darunter schöne alte Stücke vom Flohmarkt, hauptsächlich in Schwarz.

Warst du zufrieden mit deinem Äußeren?
Natürlich nicht. Wenn ich mir heute alte Fotos von mir anschaue, denke ich, dass ich eigentlich ziemlich gut ausgeschaut habe. Damals ist mir das jedoch nicht so vorgekommen.

Hast du in deinen jungen Jahren von einem Ehemann, von einer Familie und Kindern geträumt?
Nicht wirklich. Einen Mann wollte ich schon haben, aber ich habe mir nie darüber Gedanken gemacht, eine Familie zu gründen. Ich hatte das Gefühl, ich muss in die Welt hinausgehen, etwas lernen und andere Dinge sehen. Mit meinem Beziehungsleben war ich nicht zufrieden. Die ungelösten Probleme mit meinem Vater haben sich dann mit meinen Partnern immer wieder manifestiert. Ich habe mich von Männern angezogen gefühlt, mit denen nur eine instabile Beziehung möglich war. So hatte ich die Beziehung zu meinem Vater erlebt. Ich bin in einem Hotel aufgewachsen und habe nie wirklich gewusst, wann meine Eltern zur Verfügung stehen, wann sie Zeit haben und wann nicht. Ein Hotel ist ein Umfeld, in dem immer fremde Leute auftauchen und wichtiger sind als die Kinder. Das würde man heute als unverlässliche emotionale Bindung bezeichnen. Intuitiv fand ich unverlässliche Bindungen mit Männern attraktiv, weil ich das eben bereits kannte.

Der Mann, mit dem ich zehn Jahre zusammen war, hatte

eine sehr dominante Mutter. Er hat sein Thema mit mir durchgespielt und ich meines mit ihm. Wir haben uns gesucht und gefunden. Wir waren wie füreinander geschaffen, weil wir einander widerspiegelten, was wir aus unserer Kindheit kannten.

Das war alles in der Zeit, als auf der Universität der politische Feminismus erstarkt ist. Wie standst du dazu?
Das hat mich schon interessiert. Aber zur gleichen Zeit war es mir auch wichtig, chic auszuschauen, und das war damals für eine Feministin nicht angebracht. Irgendwie habe ich zwischen beiden Lagern gestanden. Ich habe überhaupt nicht gewusst, wer ich bin und was ich will.

Auf meiner ersten Reise nach Asien hat es mich zutiefst erschüttert, mitzubekommen, wie die Menschen dort anstreben, sich in die gleiche Konsumgesellschaft zu verstricken wie die, aus der ich komme. Damals habe ich angefangen zu verstehen, dass der Gier, der Aversion und der Verblendung auf der politischen Ebene, durch Spenden oder Unterstützung wie Entwicklungshilfe nur sehr beschränkt beizukommen ist. Die Wurzel des Übels liegt viel tiefer. Es geht darum, den menschlichen Geist zu kultivieren. Intuitiv habe ich das ziemlich schnell erfasst, aber ich habe nicht gewusst, dass eine Religion wie der Buddhismus genau da ansetzt.

Als ich 1987 die Mönche im Zug in Myanmar gesehen habe, habe ich gewusst: Das ist es. Ein Jahr später, 1988, habe ich Ajahn Buddhadasa getroffen. Da war mir klar: So wie er will ich sein. Dabei habe ich nicht unbedingt an ein Leben als Nonne gedacht, aber ich wollte diese Art von Präsenz für mich entwickeln. Ich wollte vorerst nur auf Zeit ins Kloster gehen und dann mein Studium abschließen. Es hätte mich wirklich interessiert, als Kunstanthropologin zu arbeiten, vor allem im Bereich Ritual, Tanz und Theater. Die Zeit verging und dann wurde mir seitens der Universität das Jahr 2003 als Deadline für die Abgabe meiner halbfertigen Doktorarbeit gesetzt. Ich wusste, dass ich jetzt alles verliere, wenn ich die nicht fertig schreibe.

Aber zu diesem Zeitpunkt habe ich mich nicht stabil genug gefühlt, das Kloster zu verlassen, um wieder in Wien zu leben und wissenschaftlich zu arbeiten. So habe ich mich entschieden, das nicht abgeschlossene Studium seinzulassen. Es hätte ja auch bedeutet, die Robe abzulegen, da meine Dissertation über Tanz und Theater mit meinem Novizinnentraining nicht wirklich vereinbar war. Noch einmal mit einem anderen Thema zu beginnen, etwa über buddhistisches Klosterleben in Asien, das wollte ich auch nicht. Ich habe mein gesamtes wissenschaftliches Material in den Müll geworfen, einen ganzen Wäschekorb voll Papier.

Warum hast du den Weg der Nonne gewählt? Du hättest ja auch als Laiin intensiv praktizieren und trotzdem eine Beziehung zu einem Mann haben können.

Im Kloster habe ich viele Nonnen kommen und gehen gesehen, sie blieben zwei, fünf oder zehn Jahre. Ich habe gedacht, dass ich eine von ihnen bin und dass irgendwann die Türe wieder aufgeht. Aber nur deshalb weggehen, weil ich einen Partner haben möchte, ohne andere Pläne, das wollte ich nicht. Ich war sogar zweimal verliebt im Kloster, aber es ist nie zu einer Beziehung gekommen. Das war halt einfach nicht mein Weg.

Du hast immer ein sehr selbstbestimmtes Leben geführt und gemacht, was du wolltest. Hast du das Gefühl gehabt, dass Frauen generell unterdrückt oder strukturell benachteiligt sind?
Ich muss sagen, dass das vor meinem Eintritt ins Kloster für mich nicht wirklich ein großes Thema war. Ich selbst habe mich nie unterdrückt gefühlt, weil ich eigentlich sehr viele Freiheiten hatte. Im Kloster war das anders. Das war auch der Grund, warum ich 1995 nach zwei Jahren als Anagarika[18] vorübergehend wieder von Amaravati[19] weggegangen bin. Es war mir dort zu patriarchalisch. Ich bin herumgereist, war in Thailand und Amerika, und habe mich nach einem Ort für ein Nonnentraining umgeschaut, der nicht so stark männlich dominiert ist.

Worin hat sich gezeigt, dass Amaravati patriarchalisch ist?
In allem. Bei so Alltäglichem wie zum Beispiel beim Anstellen zur Essensausgabe. Die Mönche, die Bhikkhus, waren immer überall vorne und zuerst. Vor allem hat sich das darin gezeigt, dass es für Frauen nicht möglich war, als Bhikkhunis, als vollordinierte Nonnen, geweiht zu werden. Es war klar, dass die Mönche in diesem System immer die Oberhand gegenüber

18 Anwärterin auf die Siladhara-Ordination – siehe Seite 174.

19 Das Amaravati Monastery in Great Gaddesden und das Chithurst Monastery in Chithurst sind Klöster der Ajahn-Chah-Linie in Großbritannien.

den Nonnen haben. Wir konnten zwar Siladhara-Nonnen werden, das ist eine Hybridform, die von der Ajahn-Chah-Linie im Westen, zu der auch Amaravati und Chithurst gehören, selbst geschaffen worden ist. Ursprünglich war das als eine Art Übergangslösung gedacht, da damals noch allgemein angenommen wurde, dass die höhere Ordination für Frauen im Theravada unwiederbringlich verloren gegangen sei. Rückblickend gesehen war der Siladhara-Orden zur Zeit seiner Gründung 1983 ein wirklich innovatives Experiment, das bis circa 2007 für seine exzellente Nonnenausbildung international anerkannt war. Nachdem jedoch die Wiederbelebung der Theravada-Bhikkhuni-Linie außer Zweifel stand, hatte diese Übergangslösung ihre ursprüngliche Funktion verloren und wurde zu einer Art Sackgasse und somit eigentlich hinfällig.

Wann ist dir klar geworden, dass du nicht in Amaravati bleiben kannst?
Als ich in der Seniorität aufgestiegen bin und in immer mehr Gremien und Steuerungsgruppen eingebunden war. Da wurde immer deutlicher, dass die Männer die Kontrolle haben und gewisse Informationen gar nicht weitergegeben werden. Mir wurde auch klar, dass das zumindest noch sehr, sehr lange so sein wird. Und so wurde der Entschluss zu gehen immer fester.

2007 hat der Dalai Lama in Hamburg eine internationale Konferenz über die Bhikkhuni-Ordination einberufen. Damals sind viele Mönche, Nonnen und Laienspersonen aus beiden Lagern zusammengekommen. Diejenigen, die ganz klar bewiesen haben, dass die Bhikkhuni-Ordination wiederbelebt werden kann, und die Gegner, die davon nichts wissen wollten. Bei diesen Gegnern waren die Mönche aus der Ajahn-Chah-Linie dabei, und da wurde mir klar, dass ich dieses System nicht weiter unterstützen kann und will.

Kannst du kurz erklären, mit welchen Argumenten die Verweigerung der Bhikkhuni-Ordination begründet wurde?
Es wurde damit argumentiert, dass die Bhikkhuni-Ordination im Theravada-Sangha ausgestorben ist. Bis 1988 wurde sie ausschließlich im Mahayana weitergegeben, und im Vajrayana hat sie unter Umständen nie wirklich existiert, was jedoch bis dato nicht geklärt ist.

Die weibliche Linie im Theravada galt bis vor Kurzem für über tausend Jahre als unterbrochen und es wurde angenommen, dass Mönche allein die Bhikkhuni-Ordination nicht wiederbeleben können. Dazu bräuchte es Mönche und Nonnen. Zusätzlich ging man davon aus, dass eine Theravada-Bhikkhuni-Ordination mit Unterstützung von Mahayana-Nonnen nicht möglich sei. Das war die Ansicht von gewissen Mönchen, während andere, gelehrte Theravada-Mönche, nachgewiesen haben, dass der Buddha die Wiederbelebung der Bhikkhuni-Linie sehr wohl erlaubt hat, auch wenn keine Nonnen vorhanden sind, beziehungsweise bis es genug Nonnen gibt.

Unter anderem haben Bhikkhu Bodhi, Bhikkhu Analayo, Ajahn Brahm und andere international bekannte Mönche einfach und verständlich dargelegt, dass das kein unüberwindbares Problem ist. Im Buddhismus gibt es kein zentrales Oberhaupt wie einen Papst, der diese Frage verbindlich in der einen oder anderen Weise entscheiden könnte.

Im Sommer 2009 ist die Situation dann eskaliert. Inmitten der ganzen internationalen Diskussion um die Bhikkhuni-Ordination haben die Mönche der Ajahn-Chah-Linie die sogenannten Fünf Punkte für die Siladhara-Nonnen erlassen. Mit diesen Fünf Punkten wurde in Stein gemeißelt, dass den Nonnen unserer Linie die höhere Ordination als Bhikkhunis nicht erlaubt ist.

Aus meiner Sicht ging es dabei um Macht und die Angst, Entscheidungen und Ressourcen teilen zu müssen, wie in jedem anderen Unternehmen auch. Und dann wurde versucht, dafür eine theologische Untermauerung zu finden.

Wie haben deine Mitschwestern in Amaravati über dieses Thema gesprochen?

Unser weiblicher Sangha war gespalten. Es gab ein breites Spektrum von Nonnen: jung, alt, aus Asien, aus Europa, Amerika, Australien, mit unterschiedlicher Sprache, sozialer Herkunft und kulturellem Hintergrund. Manche haben gesagt, wir brauchen das eh nicht, wir können auch ohne Bhikkhuni-Ordination erleuchtet werden.

Andere – und da habe ich dazugehört – haben gesagt, dass es eine Wirkung auf deinen Geist hat, wenn du gegenüber den Mönchen immer die Nummer zwei bist. Das ist kein Randthema. Es prägt dich, wenn du ein System unterstützt, das Frauen diskriminiert. Das wollte ich mir nicht weiter antun. Wenn dein Geist nicht wirklich mutig ist, wie will er da erwachen?

Es ist uns Nonnen nicht gelungen, bei einem derartig wichtigen Thema auf einen gemeinsamen Nenner zu kommen. Also sind wir übereingekommen, dass jede von uns ihre eigene Entscheidung treffen muss. Von den Siladharas in Amaravati und Chithurst hat etwa die Hälfte die Robe abgelegt und ein paar sind in der Robe weggegangen. Die andere Hälfte ist in Amaravati geblieben. Sie waren willens, sich mit der Situation zu arrangieren.

War es für dich eine leichte Entscheidung zu gehen?
Für mich war die Entscheidung nicht schwer, weil ich nicht anders konnte. Natürlich war es riskant und hat mir auch Angst gemacht. Ich war damals über fünfzig und war seit fast zwei Jahrzehnten Mitglied der Klostergemeinschaft. Aber ich habe ganz klar gefühlt, dass ich das machen muss.

Wir sind von der Saranaloka Foundation in die USA eingeladen worden, um dort eine Zweigstelle von Amaravati aufzubauen. Diese Stiftung ist 2005 gegründet worden mit dem Zweck, die Siladharas der Ajahn-Chah-Linie zu unterstützen, damit sie unabhängiger von den Mönchen werden. In erster Linie ging es dabei um materielle Unterstützung. Die Stiftung hat die Siladharas aus Amaravati und Chithurst in die USA eingeladen, um dort zu unterrichten oder auf Retreat zu gehen. Und in einem zweiten Schritt sollten die Siladharas in die USA kommen, um ein Trainingskloster einzurichten.

2007, noch bevor es die sogenannten Fünf Punkte gab, kam ein Brief von Jill Boone, der Gründungspräsidentin der Saranaloka Foundation. Sie schrieb, es gebe eine vielversprechende Liegenschaft, die jemand von den Siladharas anschauen sollte. Wir haben es dann irgendwie hingekriegt, dass Ayya Anandabodhi und mir erlaubt wurde, für sechs Wochen in die USA zu reisen und diese Liegenschaft anzuschauen. Dafür haben wir auf unser jährliches Winter-Retreat verzichtet. Und so hat alles angefangen. Wir sind in den USA herumgereist und waren in Oregon, Washington, Oklahoma und Kalifornien, auf der Suche nach fruchtbarem Boden. Irgendwann ist uns klar geworden, dass es San Francisco sein wird und dass wir wiederkommen wollen. Die Saranaloka Foundation hat für unsere Rückkehr ein Haus in San Francisco gemietet, zuerst für zwei Monate und dann ab Ende 2009 langfristig. Dabei war uns immer klar, dass wir irgendwann aufs Land gehen wollen, wir sind ja aus der Waldtradition.

In den USA gab es zu dieser Zeit bereits einige Bhikkhunis. Dort angekommen wurde Ayya Anandabodhi und mir bald klar, dass wir nicht mit unserem hausgemachten Siladhara-Modell gegen diese Bhikkhunis antreten wollen, die so leben, wie es der Buddha selbst vor langer Zeit empfohlen hat. Er hat in mehreren Lehrreden über den vierfachen Sangha gesprochen, der aus Bhikkhus, Bhikkhunis, Laien und Laiinnen besteht.

Sobald uns beiden klar war, dass wir die Bhikkhuni-Ordination anstreben, haben wir ein Telefongespräch mit Ajahn Sumedho und Ajahn Amaro, dem Abt und dem stellvertretenden Abt von Amaravati, arrangiert. Bei diesem Gespräch haben wir erklärt, dass wir Bhikkhunis werden wollen. Die beiden Äbte wollten natürlich nicht, dass noch jemand geht, nachdem bereits so viele Siladharas Amaravati verlassen hatten. Die Errichtung einer Zweigstelle in den USA hätte uns die Leitung von Amaravati schon erlaubt, aber zu diesem Zeitpunkt war uns klar, dass wir eine Zweigstelle für ein Siladhara-Training in Kalifornien nicht wirklich hätten vertreten können.

Wir entschieden uns daher, die Linie zu verlassen, um Bhikkhunis werden zu können. Ein Stellvertreter der Mönche erklärte uns, dass die Klosterleitung ganz kurz vor der Zulassung der Bhikkhuni-Ordination für Siladharas stehe und dass dieser Prozess durch unseren Weggang nun aufgehalten werden würde. Wir haben das jedoch nicht geglaubt und haben damit richtig gelegen, denn die Bhikkhuni-Ordination gibt es in Amaravati bis heute nicht.

Von welcher Seite ist Unterstützung für euren Weg zur Bhikkhuni-Ordination gekommen?
Vor allem natürlich von der Saranaloka Foundation. Als wir uns entschieden haben, dass wir Bhikkhunis werden und die Ajahn-Chah-Linie verlassen wollen, haben wir die Saranaloka Foundation nicht im Vorfeld gefragt, ob sie unseren Weg unterstützt. Wir wollten es der Stiftung überlassen, zu entscheiden, ob sie uns weiterhin unterstützt oder nicht. Die Hälfte der Vorstandsmitglieder wollte mit unserem Verlassen der Linie nichts zu tun haben und ist aus der Stiftung ausgestiegen. Drei sind geblieben und haben uns weiterhin unterstützt.

Hilfe kam auch von anderen Organisationen, zum Beispiel aus Spirit Rock. Jack Kornfield, einer der Gründer dieses großen spirituellen Zentrums in Kalifornien, ist Mönch der Ajahn-

Chah-Linie gewesen. Rund um ihn scharen sich viele andere aufgeschlossene buddhistische Lehrerinnen und Lehrer. Das ist damals alles wirklich sehr gut gelaufen. Und dann kam auch Hilfe seitens der Insight Meditation Society – IMS – von Joseph Goldstein und Sharon Salzberg. Das ist das Gegenstück zu Spirit Rock an der Ostküste der USA.

IMS und Spirit Rock sind die größten Zentren der Theravada-Welt in den USA. Wenn man von dort Unterstützung bekommt, ist das natürlich hervorragend. Wir waren also zur richtigen Zeit am richtigen Ort. Die Ajahn-Chah-Mönche hatten ja schon seit vielen Jahren in diesen Zentren unterrichtet und manchmal auch Nonnen mitgebracht. Dabei ist vielen sofort aufgefallen, dass die Nonnen immer hinter den Mönchen gegangen sind, was Missfallen hervorgerufen hat.

In Spirit Rock hat damals auch Ruth Denison[20] unterrichtet, eine bekannte, recht exzentrische Lehrerin. Die gebürtige Deutsche war eine Pionierin des Buddhismus im Westen und Vorreiterin für die Rechte der Frauen. Diese einflussreiche Lehrerin hat ursprünglich den Anstoß zur Gründung der Saranaloka Foundation gegeben.

Wie ist es dann mit euch in den USA weitergegangen?
Ende 2009 sind wir dauerhaft in den USA geblieben, und nach neun Monaten, im Herbst 2010, haben wir öffentlich gemacht, dass wir die Ajahn-Chah-Linie verlassen werden. Wir planten, im April 2011 nach Amaravati zu fahren, um unser Siladhara-

20 1922–2015.

Training dort formell zurückzugeben. Im Oktober 2011 sollte dann unsere Bhikkhuni-Ordination stattfinden.

Wir haben zwischen allen Schritten reichlich Zeit gelassen, damit sich dazwischen die Wogen wieder glätten konnten. Nach der Rückgabe des Siladhara-Trainings sind wir wieder in die USA gereist und haben ein paar Tage später die Ordination als Samaneris, als Novizinnen, erhalten.

Ayya Tathaloka, eine vollordinierte US-Amerikanerin, hat unsere Ordination möglich gemacht. Die Bhikkhuni-Ordination fand am 17. Oktober 2011 in Spirit Rock statt. Jack Kornfield fungierte als Moderator der Zeremonie und es waren Ordensleute aus allen drei buddhistischen Schulen anwesend. Das war rückblickend schon eine außergewöhnliche Situation, die Unterstützerinnen und Unterstützer aus vielen Richtungen zusammengebracht hat. Die Bhikkhuni-Ordination ist an diesem Tag mehr oder weniger in den Mainstream eingegangen.

2014 sind wir von San Francisco tatsächlich aufs Land gegangen. Seit einigen Jahren gibt es in dieser Gegend zunehmend verheerende Waldbrände und mittlerweile haben wir uns entschlossen, diesen Ort wieder zu verlassen. Möglicherweise gehören Waldklöster in Kalifornien der Vergangenheit an, weil sie in Anbetracht des Klimawandels nur mit großem Aufwand zu erhalten sind. Wir müssen uns wieder etwas einfallen lassen und uns der Zeit anpassen. So ist das eben. Schließlich sind wir Samanas, was in Pali Hauslose heißt.

2011 war dann also der große Moment der Bhikkhuni-Ordination für dich und Ayya Anandabodhi. Was braucht es für die Bhikkhuni-Ordination?
Auf der materiellen Ebene braucht es eine Robe und eine Almosenschale. Für die Zeremonie selbst müssen eine Bhikkhuni, die seit mindestens zwölf Jahren ordiniert ist, und weitere fünf Bhikkhus und Bhikkhunis vor Ort sein. Bei dieser Zeremonie sagt die vorsitzende Nonne öffentlich, dass sie weiß, dass diese oder jene Frau reif ist, eine Bhikkhuni zu werden. Der ganze Ablauf mit allen Details dauert weniger als eine Stunde. Normalerweise gilt für eine Frau als Voraussetzung für die Selbstständigkeit als Bhikkhuni ein Minimum von fünf Jahren im Kloster. Mindestens ein Jahr davon musst du in Weiß als Anagarika mit acht Übungsregeln leben, danach zwei Jahre als Samaneri, mit zehn Übungsregeln. Und dann zwei Jahre als Bhikkhuni mit einer Bhikkhuni-Lehrerin, die dich unterweist. Danach kannst du auf Wanderschaft gehen, wenn du willst.

Bhikkhus müssen fünf Jahre bei ihrem Lehrer bleiben, Bhikkhunis nur zwei. Es gibt keine offizielle Begründung dafür. Das ist einer der wenigen Bereiche, in denen es für die Nonnen leichter ist als für die Mönche.

Hat sich eigentlich der Wirbel rund um euren Ausstieg aus der Ajahn-Chah-Linie inzwischen gelegt?
Nach dem Verlassen von Amaravati hat es natürlich anfangs Spannungen gegeben. Ich denke, dass Ayya Anandabodhi und ich wahrscheinlich als Revoluzzerinnen in die Geschichte der Ajahn-Chah-Linie eingegangen sind. Aber über die Jah-

re haben sich die Wogen geglättet. Heute empfinde ich große Dankbarkeit für die Unterstützung, die ich vom Ajahn-Chah-Sangha in England und Thailand empfangen habe. Ohne dieses Training hätten Ayya Anandabodhi und ich niemals die Kraft, die Geschicklichkeit und die Verbindungen gehabt, innerhalb des bestehenden buddhistischen Systems ein eigenes Kloster zu gründen, das vollständig durch Spenden aufgebaut wurde.

1992, als ich von Thailand nach Amaravati gekommen war, waren Amaravati und Chithurst in England die einzigen Klöster im Westen, die ein wirklich fundiertes Training für Frauen angeboten haben. Es war materiell gesehen eine unglaublich großzügige Situation, aber leider wurden die Rahmenbedingungen für Nonnen mit der Zeit immer enger.

Als ich im Jahr 1993 mein Anagarika-Training begann, schien alles weit offen und vieles möglich. Ungefähr ab 2007 begann sich die Lage jedoch zu verändern. Das Training in diesen Klöstern ist heute immer noch sehr gut, aber eben in einem Rahmen, der Frauen dauerhaft nur den Status von Novizinnen zubilligt.

Als Nonne wirst du dich nicht viel wundern. Aber gab es etwas auf deinem Weg, das dich überrascht hat?

Überrascht hat mich das Verhalten der Männer in Amaravati und Chithurst. Einige von ihnen sind ja Lehrer, die auf der ganzen Welt zutiefst verehrt werden. Viele Frauen kommen und helfen beim Betrieb des Klosters mit. Es wurde ganz offen gesagt, wir brauchen die Nonnen, solange sie auf ihrem Platz bleiben.

Für mich war es keine schwere Entscheidung wegzugehen.

Ich hätte auch einfach die Robe ablegen können, aber das wollte ich nicht. Als buddhistische Nonne, die nicht Teil einer konservativen männerdominierten Linie ist, habe ich viel Gestaltungsspielraum und kann dadurch Menschen erreichen, die sich vom traditionellen Buddhismus weniger angesprochen fühlen. Es geht nicht darum, die Lehre zu verändern, sondern sie auf eine Weise einzusetzen, die zeitgemäß ist.

Mir geht es auf keinen Fall um eine Gegnerschaft zu den Männern im Allgemeinen. Wenn Frauen ihre eigenen Kapazitäten und Möglichkeiten voll ausschöpfen, hilft das natürlich auch den Männern. Das Leben auf diesem Planeten wird immer prekärer. Es geht mir nicht um Macht, sondern darum, dass das ganze Potential genützt wird und nicht die Hälfte der Menschheit auf diesem Planeten von der Mitwirkung ausgeschlossen wird. Was für eine sinnlose Verschwendung von Potential!

Mit der Arbeit, die Ayya Anandabodhi und ich in den letzten Jahren gemacht haben, haben wir eine ordentliche Delle in die Wand des Patriarchats geschlagen.

Dadurch habt ihr auch strukturell etwas für die Frauen im Buddhismus getan, nicht nur für euch selbst.

Auf jeden Fall. Wir waren nicht einfach zwei Frauen, die aufgetaucht sind und Bhikkhunis werden wollten, wir hatten immer auch die Wiedereinsetzung des Bhikkhuni-Sangha im Sinn. Natürlich haben wir auch Angst gehabt, kritisiert zu werden, weil unser Vorgehen schon plakativ gewirkt hat. Es war nicht unsere Absicht, die Ajahn-Chah-Linie in ein schlechtes Licht zu rücken, und gleichzeitig wollten wir die Chance nutzen, das zu tun, was wir für richtig hielten. Damit ist es uns gelungen, unabsichtlich hohe Wellen zu schlagen und einige Aufmerksamkeit zu erregen.

Was macht ihr konkret für Frauen?
Vor allem sind wir Vorbilder, Rollenmodelle für Frauen. Wir tauchen in einem großen buddhistischen Zentrum auf und genießen Vertrauen und Respekt als Lehrerinnen. Das sieht man nicht so oft. Zu uns können Gäste auf Besuch kommen und für eine Zeit mit uns leben, alles auf Basis von freiwilligen Spenden. Man muss mitarbeiten, aber jeder und jede kann es sich leisten. Das ist ein großes Geschenk in der heutigen Zeit. Wir geben auch spirituelle Beratung, und Frauen, die dafür geeignet sind, können bei uns ein Training absolvieren, um selbst Nonne zu werden. Die einzige Bedingung dafür ist, dass sie mitarbeiten und sich in die Gemeinschaft einfügen können.

In der Art, wie du den Buddhismus unterrichtest, gibt es da etwas spezifisch Weibliches?
So pauschal kann ich das nicht sagen. Ich habe ein großes Interesse an der Klimabewegung und daran, sie mit der Weisheitslehre zusammenzubringen. Anstatt theoretisch über das feministische Anliegen zu sprechen, versuche ich, es zu leben. Das liegt mir mehr. Wir haben es gewagt, aus einer mächtigen Linie auszusteigen und unser eigenes Ding zu machen. Manche Leute haben sich gefragt, ob uns jetzt die Hölle verschluckt, weil wir unseren Lehrer verlassen haben.

Dabei würde ich gar nicht sagen, dass ich mit meinem Lehrer gebrochen habe. Ich schätze und respektiere ihn nach wie vor, aber ich habe damit gebrochen, die Lehre in Details zu verpacken, die nicht länger unserer Zeit entsprechen. Ich habe nicht den geringsten Zweifel, dass das der Lehre in keiner Weise schadet. Die Bhikkhuni-Form hat es bereits vor über 2.500 Jahren gegeben, wir haben die ja nicht erfunden. Die Bhikkhu- und die Bhikkhuni-Linie sind höchstwahrscheinlich beide immer wieder einmal unterbrochen worden. Nur die Bhikkhu-Linie wurde ohne viel Getöse einfach wiederbelebt. Bei der Bhikkhuni-Linie hingegen hat man nichts gemacht, als hätte man nur darauf gewartet, bis man sie endlich loswerden kann.

Hast du die Erfahrung gemacht, dass Männer und Frauen unterschiedlich praktizieren?
Nein, es gibt keine substantiellen Unterschiede zwischen Männern und Frauen. Man könnte vielleicht feminine und maskuline Züge definieren. Ein paar generelle Aussagen könnte ich dazu vielleicht schon machen. Zum Beispiel weiß unter Nonnen oft jede von jeder, bis hin zu einer gewissen Übergriffigkeit. Von den Mönchen sagt man, dass ein Mönch nicht einmal davon weiß, wenn der Mönch im Nebenzimmer darüber nachdenkt, sich das Leben zu nehmen. Männer haben generell weniger Kapazität für Beziehung und Frauen manchmal zu viel. Das ist eine Tendenz, die Frauen haben können, wenn sie zusammenleben. Zumindest im Kloster habe ich das so erlebt. Es hilft mir, dass ich schon so viel Erfahrung in einer großen internationalen Gemeinschaft wie Amaravati gesammelt habe. So weiß ich, wo ich aufpassen muss, und das ist sehr hilfreich.

Die Macht, nein zu sagen

Du hast einmal erwähnt, dass du deine Entscheidung, als Nonne zu leben, mehrmals überdacht hast und dich immer wieder dafür entschieden hast.
Manchmal werde ich gefragt, warum ich ein Leben in Entsagung lebe. Mir erscheint in dieser Hinsicht der Vergleich mit einer Spitzensportlerin passend. Sie hat eine regulierte Diät, trainiert viele Stunden, macht gewisse Sachen nicht und andere wiederum regelmäßig. Anstatt die Muskeln zu trainieren, trainiere ich meinen Geist. Das ist durch und durch freiwillig, kann aber von manchen Leuten, die sich nicht für diese Art von Sport interessieren, als extrem angesehen werden. Die halten jemanden, der so etwas macht, für verrückt.

Du verwendest in diesem Zusammenhang den Begriff Entsagung. Und der ist ja wirklich nicht sexy.
Ja, sogar sehr unsexy. Ich versuche auch, ein anderes Wort dafür zu finden, weil ich weiß, dass es bei vielen Leuten Ablehnung hervorruft. Aber der Begriff passt. Entsagung, auf Englisch »renunciation«, ist eine der Zehn Vollkommenheiten im Theravada-Buddhismus. In einer zeitgenössischen Sprache würde ich es als Energiesparen bezeichnen. Wir alle haben nur eine gewisse Menge Energie zur Verfügung und es ist unsere

Entscheidung, sie in einer gewissen Art und Weise einzusetzen und nicht in einer anderen.

In der Diskussion rund um Maßnahmen gegen die Klimakrise ist es ja auch unattraktiv, über Verzicht zu sprechen.

Niemand mag Entsagung oder Verzicht. In unserer patriarchalen, neoliberalen Konsumkultur wird Verzicht immer als Verlust hingestellt. Du könntest allerdings auch sagen, dass es eine kraftvolle Fähigkeit ist, nein zu sagen. Ein schwacher Geist oder ein schwacher Charakter kann das nicht. Aus Angst, allein zu bleiben, wenn er nicht das macht, was alle machen, kann er es sich einfach nicht vorstellen, gegen den Strom zu schwimmen. Es ist schwer, damit zu punkten, den Leuten zu sagen: »Nein sagen zu können ist eine gute Sache, ihr müsst das lernen, das ist eine Ermächtigung.« Das ist schwer zu verkaufen und hat einen schlechten Ruf in unserer Gesellschaft. Jetzt sehen wir, wie wir durch den Kapitalismus und unser Konsumverhalten dabei sind, uns selbst auszulöschen. Nein sagen zu können ist zu einer Frage des Überlebens auf diesem Planeten geworden.

Man sollte sich allerdings wirklich klar über die eigene Motivation für den Verzicht sein. Es kann die ganze Situation verderben, wenn man andere verurteilt, die keinen Verzicht üben wollen oder können.

Wie weit geht der Verzicht? Totale Askese war ja wohl nicht im Sinne des Buddha?

Der Buddha hat seine Familie verlassen, sich den Kopf geschoren und die ersten paar Jahre strenge Askese geübt. In den

Schriften steht, dass er zeitweise nur drei Reiskörner pro Tag gegessen hat. Wenn er sich an den Rücken gegriffen hat, hat er sein Brustbein gespürt, so dünn und ausgemergelt war er. Seine Praxis hat dann nicht mehr funktioniert, weil er so geschwächt war, dass er gar nicht mehr meditieren konnte.

Es gibt die berühmte Geschichte von dem jungen Mädchen, das im Wald an einem Schrein Milchreis opfern wollte. Sie hat den Buddha unter einem Baum sitzen gesehen und ihm den Milchreis gegeben. Der Buddha hat ihn gegessen, sich erholt und danach hat seine Praxis wieder funktioniert.

Daraufhin hat er sich daran erinnert, wie er als Kind unter einem Rosenapfelbaum gesessen ist, während sein Vater die Zeremonie des ersten Pflügens im Frühling ausführte. Damals hatte er eine sehr fried- und freudvolle Meditation erlebt. Er hat sich zurückerinnert, dass er vor einer derartigen Freude keine Angst zu haben brauchte, weil diese Art von subtiler Freude die Praxis unterstützt, da sie den Geist erweitert und energetisiert. Er hat klar erkannt, dass es ein gewisses Maß an Freude für die Praxis braucht. Wenn keine Freude im Geist ist, öffnet er sich einfach nicht. Dabei handelt es sich nicht um eine Freude, die über die Sinne kommt und an der man oft anhaftet. Diese andere Freude resultiert aus der Unabhängigkeit von den Dingen, aus dem Loslassen. Das ist eine andere Art von Freude, als diejenige, die man spürt, weil man bekommt, was man will. In den Schriften wird sie daher als nicht weltliche Freude bezeichnet. Sie entsteht im Geist, wenn dieser wirklich im gegenwärtigen Moment ist und an nichts anhaftet.

Wann fängt man an, diese subtile Freude zu spüren? Wenn man beginnt zu meditieren?
Man muss lernen, diese subtile Freude zu erkennen, weil sie leicht übersehen werden kann. Anfängerinnen und Anfänger der buddhistischen Praxis können sie oft ganz leicht spüren. Das ist Anfängerglück, aber wenn sie beginnen, daran anzuhaften, wird es schwierig.

Wie zeitgemäß ist der Buddhismus? Braucht unsere heutige westliche Gesellschaft den Buddhismus?
Ich würde nicht sagen, dass die Welt den Buddhismus braucht. Die Welt braucht spirituelle Systeme, die die Menschen anwenden können, und der Buddhismus ist eines davon. Es geht darum, dass die Menschen Hilfsmittel haben, um die tiefen Konditionierungen zu überwinden, in denen wir alle gefangen sind: zum Beispiel zu glauben, dass es darum geht, aus der Natur so viel herauszuholen, wie wir nur bekommen können. Wir verstehen nicht, dass wir Teil der Natur, Teil des Planeten sind.

Der Planet ist ein geschlossenes System, aus dem wir nicht entkommen können, solange wir als Menschen existieren. Was immer wir in dieses System hineingeben, wird irgendwann zu uns zurückkommen. Das ist die Aufgabe, das Lernfeld, wenn man als Mensch geboren ist.

Wenn ich mich selbst anschaue: Ich lebe in relativer Sicherheit, kann meine Wohnung heizen und habe ein kleines, aber regelmäßiges Einkommen. Eigentlich habe ich ein angenehmes Leben. Warum sollte ich mich einem spirituellen System wie dem Buddhismus zuwenden?
Wir haben jetzt ein angenehmes Leben, aber wir wissen nicht, wie lange das noch so weitergeht. Es ist nicht garantiert, dass bis zu deinem oder meinem Tod alles so geschmeidig weiterläuft. Das ökologische System ist unglaublich fragil. Die Feedbackschleifen können jederzeit zum Kippen des Systems führen. In den letzten paar Jahren sind viele Dinge passiert, die wir uns vorher gar nicht hatten vorstellen können.

Meinst du Klimawandelphänomene oder auch soziale Entwicklungen?
Das hängt ja alles zusammen. Die Klimakrise wird alle anderen Spannungen und Konflikte anheizen und intensivieren. Dabei glaube ich nicht, dass wir als Menschheit etwas grundlegend falsch gemacht haben. Wir lernen und experimentieren, das ist Evolution. In den letzten 150 Jahren haben wir wirklich viele kurzsichtige Entscheidungen getroffen, die hauptsächlich mit der zunehmenden Erschließung fossiler Energien zusammenhängen. Wir haben diese sogenannte billige Energie ohne Weisheit genutzt, weil wir wirklich geglaubt haben, dass es billige Energie ist. Lange Zeit hat es für die Menschheit so ausgeschaut, als hätten die Entwicklungen, die den Planeten jetzt aus der Balance bringen, keinen Preis.

Jetzt erkennen wir immer mehr, dass unsere unreife Lebensweise einen sehr hohen Preis hat, und das ist eine große Chance aufzuwachen. Vor der industriellen Revolution haben viele Menschen im Einklang mit der Natur und dem Planeten gelebt, und zu diesem Einklang könnten wir wieder zurückfinden. Es geht darum, dass immer mehr Menschen das abhängige Entstehen zwischen uns selbst und allen anderen Lebensformen erkennen. Dieses abhängige Entstehen beruht auf einem grundlegenden buddhistischen Prinzip, dem Prinzip der Leerheit.

Leerheit bedeutet, dass nichts nur aus sich selbst heraus entsteht, besteht oder vergeht. Alles ist mit allem verbunden. Nimm zum Beispiel das Wasser hier in meinem Glas. Wir wissen nicht, wo es wirklich herkommt. Ist es der Regen, die Ozeane, die Seen oder die Flüsse? In einem geschlossenen System ist es immer dasselbe Wasser. Dazu gehört auch das Wasser in unserem Körper, das wir wieder loslassen, wenn wir auf die Toilette gehen oder weinen.

Dieses Prinzip von Leerheit ist ganz zentral in allen Schulen des Buddhismus. Der Ehrwürdige Thich Nhat Hanh[21] hat dafür den Ausdruck Intersein geprägt, den ich überaus zutreffend finde. Indigene Kulturen und auch die Systemtheorie basieren auf der Erkenntnis dieser Zusammenhänge des Lebens, und wir müssen diese Art von Weisheit schätzen lernen, wenn wir unsere Lebensweise nachhaltig neu aufstellen wollen. Man geht davon aus, dass heutzutage 80 Prozent der Biodiversität der Erde auf indigenem Land zu finden ist.

21 1926–2022.

Welche buddhistischen Ideen können angesichts der Klimakrise hilfreich sein?

In Zeiten wie diesen würde ich gerne mehr über das Prinzip des abhängigen Entstehens sprechen und dieses Wissen weitergeben. Dafür muss man den Buddhismus nicht unbedingt ins Schaufenster stellen. Viele Menschen können da vielleicht nicht mitgehen, da es zu viel für sie ist, sich mit einer asiatischen Religion auseinanderzusetzen. Sie wollen vielleicht eine Art von Weisheitstraining und wenn es wirklich funktioniert, entwickelt sich automatisch ein Interesse, tiefer zu gehen und die Wurzeln dieses Trainings kennenzulernen.

Wenn das Leben schwierig wird, braucht man Inspiration. Religiöse Symbole und Formen sind geschickte Mittel, um Inspiration zu wecken. Die Vorstellung, in eine Linie von Praktizierenden eingebunden zu sein, die über 2.500 Jahre alt ist, kann Kraft geben. Aber man braucht nicht mit der Tür ins Haus zu fallen, die buddhistische Lehre kann später nachgereicht werden, wenn es gewünscht wird.

Muss man überhaupt etwas nachreichen?

Aus meiner eigenen langjährigen Erfahrung kann ich sagen, dass eine ernsthafte Praxis, durch die man eine wirklich tiefe Transformation erfährt, nicht ohne irgendeinen Halt oder eine Anbindung stattfinden wird. Das muss aber nicht der Buddhismus sein.

Wenn du dir deine tiefen Konditionierungen anschaust, wirst du zwangsläufig zumindest eine Zeit lang Leid oder Dissonanz erfahren. Der Buddha hat deshalb auch gesagt, dass spirituelle Freunde das wichtigste Element auf dem buddhistischen Weg sind.

Es gibt verschiedene Ansätze, durch Praxis und Meditation den Geist gewissermaßen zu dekonditionieren oder zu rekonditionieren. Unsere ganze Kultur basiert auf der Vorstellung, dass mehr zu haben mehr Sicherheit bedeutet, und jetzt sehen wir gerade, dass das überhaupt nicht stimmt. Es geht ums Loslassen, nicht um noch mehr! Das ist für mich eine Kernaussage des Buddhismus und auch zur Gesamtsituation auf unserem Planeten. Es geht nicht darum, etwas dazuzulernen, das du noch nicht weißt. Es geht darum, emotionale und kognitive Schleier durch Einsicht loszulassen und dadurch zunehmend klarer zu sehen.

Wir müssen unser Verhalten maßgeblich verändern und lernen zu verstehen, was man in der Wissenschaft schon lange weiß: dass wir Teil des Planeten sind, dass wir aus identischen Elementen bestehen wie der Planet selbst. Diese Erkenntnis zu integrieren und zu leben ist der nächste evolutionäre Schritt in der Entwicklung des Bewusstseins auf unserem Planeten. Wir Menschen sind nicht eine separate Spezies, die auf der Erde herumwandert wie auf einer Bühne. Wir sind der Planet selbst.

In der Geschichte gab es hin und wieder einen derartig drastischen Bewusstseinswandel, und das ist oft mit Chaos und Blutvergießen vonstattengegangen. Zum Beispiel ist den Leuten im Zuge der Französischen Revolution plötzlich bewusst geworden: Es ist nicht Gott, der den König und die Königin dazu bestimmt, König oder Königin zu sein, denen wir ein prunkvolles Leben ermöglichen müssen, obwohl wir selbst arm sind. Das stimmt ja alles gar nicht! Das sind genauso Menschen wie wir. Momentan sind wir in einer ähnlichen Situation: Immer mehr Menschen fangen an, zu verstehen, dass wir nicht an der Spitze des Planeten Erde stehen und uns einfach nehmen können, was wir wollen – ohne Rücksicht auf Verluste. Zu erkennen, dass wir uns damit selbst verletzen, ist eine höhere oder weitere Ebene des Bewusstseins. Eine solche Entfaltung des Bewusstseins ist ohne spirituelle Praxis schwierig, wenn nicht gar unmöglich. Du kannst nicht mit Hammer und Meißel ein Loch in den Kopf schlagen, damit dein Geist größer wird. Du musst wissen, wie das geht, aber der Buddhismus ist dazu sicher nicht die einzige Methode, die funktioniert.

Allerdings sind auch die Systeme spiritueller Praxis zurzeit noch sehr stark patriarchal durchzogen. Das Grundproblem der patriarchalen Ausrichtung ist die Unfähigkeit zur Beziehung auf Augenhöhe. Patriarchale Strukturen in Kombination mit den machtvollen Technologien, die wir jetzt haben, führen zu verrückten, zu wirklich gefährlichen Situationen.

Was wir jetzt brauchen, ist Diversität, Vielfalt, vielfältige und verschiedene Arten von Wissen. Jeder hat etwas beizutragen, alle Geschlechtsidentitäten, indigene Menschen und solche Wesenheiten wie Flüsse, Bäume oder Berge. Wir müssen diesen Entwicklungsschritt gemeinsam machen.

Wenn wir schon bei machtvollen Technologien sind: Man kann die Wirkungen der Meditation im Gehirn nachweisen. Könnte man umgekehrt diesen Bewusstseinswandel auch künstlich herstellen, wie man zum Beispiel eine Festplatte bespielt?

Eben nicht. Man weiß bis heute nicht, was der Geist wirklich ist. Der Geist sitzt nicht nur im Gehirn, und Bewusstsein ist im ganzen Körper. Man sagt, der Körper sei eigentlich im Geist. Du spürst, dass du da sitzt und rundherum ist unendlicher Raum. Wenn ich hineinhöre in die Stille, öffnet sich mein Geist weit. Und mein Körper ist im Geist und nicht umgekehrt. Es gibt Zustände, in denen sich der Geist, das Bewusstsein oder das Gewahrsein – so kannst du das auch nennen – total weit öffnet.

Während wir beide miteinander sprechen, kannst du deines Körpers gewahr sein, wie er da sitzt, mich und den Tisch sehen, die Uhr ticken hören und die Stimmen draußen auf der Gasse wahrnehmen. Zur gleichen Zeit weißt du auch, dass es da oben die Sonne, einen Mond und Sterne gibt. Das alles kannst du mit dem Geist erfassen. Und es ist nicht dein Geist, es ist einfach Geist schlechthin.

Die erste der Drei Zufluchten im Buddhismus bedeutet, in diesem Gewahrsein zu verweilen. Dieses Gewahrsein wird auch als Buddha bezeichnet. Es ist am besten mit einem Spiegel zu vergleichen, der alles, was vor ihn kommt, mühelos reflektiert.

In der buddhistischen Praxis geht es darum, bewusst in diesem Gewahrsein zu verweilen, anstatt sich auf das zu fokussieren, von dem wir entweder mehr oder weniger wollen. Wir sind angewiesen, uns des Drucks und Drängens von Gier und Aversion bewusst zu werden, ohne sofort mit einer vorschnellen Handlung darauf zu reagieren. Wenn uns etwas ein angenehmes Gefühl verschafft, versuchen wir, es festzuhalten. Wir fangen also an, in den Fluss des Lebens einzugreifen. Und wir greifen oft von einem sehr egoistischen Standpunkt aus ein. Die Klimakrise spiegelt uns das ganz klar wider.

Ich bekomme ein paar Gedanken gerade nicht unter einen Hut. Da gibt es diese Missstände, es gibt die Klimakrise, in der wir alle aufgerufen sind, unser Verhalten zu ändern. Wie passt das mit dem Gebot oder dem Ratschlag, nicht einzugreifen, zusammen?
Beim Nicht-Eingreifen geht es vor allem darum zu sehen, wie stark wir immer und überall eingreifen; zu erkennen, welche Wirkungen dieses Eingreifen hat. Manchmal muss man eben eingreifen, damit weniger eingegriffen wird, zum Beispiel, indem man gegen Naturzerstörung demonstriert. Gleichgültigkeit ist mit Nicht-Eingreifen auf keinen Fall gemeint. Ich selbst gehe, wann immer es mir möglich ist, auf Demonstrationen gegen Naturzerstörung. Es geht darum, so wenig wie möglich von einem Standpunkt der Gier, Aversion oder Verblendung aus einzugreifen.

Bist du eher pessimistisch oder optimistisch, was die Bewältigung der Klimakrise betrifft?
Ich bin eher optimistisch. Obwohl wir die letzten 150 Jahre auf dem falschen Dampfer waren, glaube ich, dass wir den Kurs noch ändern können. Es gibt bereits zahllose Menschen und Organisationen, die das verstehen. Viele Rückkoppelungen können wir nicht mehr stoppen und es wird zu mehr Katastrophen kommen. Bei großen Veränderungen war und ist notwendigerweise immer Chaos und Schmerz dabei. Man

kann das mit einer Geburt vergleichen, Chaos ist die Vorstufe einer neuen Ordnung. So verläuft die Evolution, so geschieht Wachstum.

Solche Prozesse sind kein Zuckerschlecken. Darum ist es so wichtig, dass man eine Praxis hat, damit man sich nicht in Angst verliert und ein gewisses Maß an Ausgeglichenheit bewahren kann. Wenn man die Sieben Erwachensfaktoren[22] nicht kultiviert hat, kann man schwer den Überblick bewahren. Und dann hat man natürlich auch nicht die geistige Kraft oder Herzenskraft, einen langfristigen Nutzen innerhalb solcher Prozesse zu sehen.

Du gehst also von einer Evolution des Bewusstseins aus? Es wird ein Bewusstsein entstehen, dass der Mensch Teil von etwas viel Größerem ist und nicht die Krone der Schöpfung?

Die christliche Aufforderung, sich die Erde untertan zu machen, ist ein patriarchales Kernprinzip. In Kombination mit dem technologischen Fortschritt und den fossilen Energien ist so die aktuelle Klima- und Umweltkrise entstanden. Weltanschauungen funktionieren eben für eine gewisse Zeit und dann müssen sie durch etwas Neues ersetzt werden, das ist Evolution. Spirituelle Praxis hilft, das Rad zu ölen und diesen Prozess weniger schmerzhaft zu machen, weil man dadurch lernt, dass alles in ständiger Veränderung ist und Anhaften daher Schmerz bringt. Wenn etwas Altes nicht mehr funktioniert, wird es auseinanderfallen. Im Herbst fallen die Blätter zu

22 Vgl. Seite 189.

Boden, verrotten und werden Nahrung für den Baum, und im Frühling trägt er dann wieder neue.

Durch die spirituelle Praxis gewinnst du einen generellen Überblick, was es bedeutet, als Mensch geboren zu sein. Mit einer spirituellen Praxis hast du viel weniger Angst, weil du eine Art Landkarte hast und auch ein paar Spezialisten kennst, die dir versichern können, dass du schon auf dem richtigen Weg bist.

Angenommen, kein einziger Mensch auf diesem Planeten wäre spirituell, würde dieser Bewusstseinswandel trotzdem stattfinden? Geht das Bewusstsein auf jeden Fall in diese Richtung?
Diese Annahme ist sinnlos, weil es ja spirituelle Menschen gibt. Ich sehe es schon so, dass eine Bewusstseinsentwicklung stattfindet, auch wenn ich natürlich nicht weiß, wo es hingeht. Seit circa viereinhalb Milliarden Jahren, als der Planet angefangen hat, sich zusammenzuklumpen, hat zweifellos eine Entwicklung in Richtung höhere Komplexität stattgefunden. Ab einem gewissen Stadium ist dann reflexives Bewusstsein entstanden, das unsere Spezies Homo sapiens sapiens auszeichnet. Dadurch sind wir zum Beispiel auch in der Lage, in großen Gruppen zusammenzuarbeiten. Unsere Spezies ist aber dadurch so mächtig geworden, dass sie alle anderen Spezies der Gattung Homo, die das nicht oder weniger gut konnten, verdrängt hat.

Es könnte sein, dass Homo sapiens sapiens seinen Lebensraum zerstört und ausstirbt. Bleibt dann das Bewusstsein oder das Gewahrsein weiter auf der Erde? Was passiert dann mit unserem Bewusstseinsstrom, um den wir uns mit unserer buddhistischen Praxis so bemüht haben?

Es geht nicht nur um die Erde, der ganze Kosmos ist gewahr. Wir sind verkürzt gesprochen eine unausgereifte Spezies außer Kontrolle. Es sind schon viele Spezies ausgestorben, die nicht weiter so mitmachen wollten oder konnten, wie man mitmachen muss, um hier sein zu können.

Und es ist nicht unser Bewusstseinsstrom, es ist einfach Gewahrsein an sich. Das gehört niemandem. Wahrscheinlich entwickelt sich eine andere Spezies Homo, die auf unseren Errungenschaften aufbaut, so wie wir auf den Schultern unserer Vorfahren stehen. Man spricht im frühen Buddhismus von Zyklen, die sich immer wieder wiederholen. Vielleicht kommt dann eine Spezies Homo, die dem Sapiens überlegen ist, weil sie in dem Wissen lebt, Teil dieses Planeten zu sein, ein Homo ökologiensis.

Gewahrsein an sich, was im Vajrayana unter anderem Dharmakaya genannt wird oder in der thailändischen Waldtradition Buddho, kann nicht verloren gehen. Es hat keinen Anfang und kein Ende. Es gibt viele Namen dafür. Im christlichen Glauben nennt man es zum Beispiel Gott, im Islam Allah und indigene Kulturen nennen es Great Spirit, Großen Geist.

Ich habe keinen Zweifel, dass alles Existierende eine Form von Intelligenz ist, die wir intellektuell nicht wirklich verstehen oder begreifen können. Aber wir können die Sieben Erwachensfaktoren zum Erblühen bringen und dadurch alle Filter auflösen, die zwischen uns und dem, was man nicht wirklich benennen kann, sind. Das kann man in Momenten erfahren, in denen der Geist frei von allen Wünschen ist und einfach nur als Gewahrsein verweilt.

Ist das eine Sekunde der Erleuchtung?
Ich sage lieber Erwachen. In diesem Moment sieht man die Dinge, wie sie wirklich sind. Das ist eine Kostprobe von Nirvana, von Nichtbedingtheit und Wunschlosigkeit, ein Moment von Klarsicht, in dem das Erleben nicht durch die eigenen Wünsche und Ängste verzerrt ist. Durch die Praxis der Meditation wird die Kapazität, als Gewahrsein bewusst zu verweilen, immer stärker und das Verweilen länger.

Diese Art der Verbundenheit, das Sich-eingebunden-Fühlen in etwas Größeres als man selbst, wird als Bereicherung oder Geborgenheit erfahren, die durch Geld nicht erkauft werden kann. Dann wird die ganze Konsumwelt eher als Plage empfunden, man hat Freude an den sogenannten kleinen Dingen und verbringt gerne Zeit in der Natur. Spirituelle Praxis sollte ein Teil der Bildung werden. Wie schreiben und rechnen sollten wir auch lernen, wie wir mit den größeren Zusammenhängen des Daseins kommunizieren können.

Die Natur ist nicht zentral organisiert. Niemand kann sie beherrschen oder kontrollieren. Es geht darum, wie wir unseren Platz, unseren bescheidenen Platz in den Zusammenhängen, einnehmen und damit zufrieden sein können. Es geht darum, das abhängige Entstehen anzuerkennen und einzusehen, dass wir diesen Zusammenhängen niemals entkommen können, solange wir als irgendeine Form existieren, weil wir noch nicht das vollkommene Erwachen verwirklicht haben.

Und wie schaut es für jemanden aus, der noch weit von diesen Einsichten entfernt ist, wie kann er oder sie mit den Verunsicherungen, die die Klimakrise mit sich bringt, umgehen?
Wir sind es gewohnt, stets danach zu trachten, uns abzusichern. Das funktioniert allerdings nicht wirklich, weil immer wieder etwas Unerwartetes passiert. Die Corona-Pandemie ist ein gutes Beispiel dafür. Wirkliche Sicherheit kann man nur erlangen, indem man sich vollkommen verletzbar macht. Paradoxerweise wird man dadurch, dass man die Verletzbarkeit vollständig anerkennt, unverwundbar.

Nichts mehr zu wollen, in dem Sinn, dass du keine unumstößlichen Vorstellungen mehr hast, wie etwas zu sein hat, ist die beste Vorsorge, die du treffen kannst. Das widerspricht allerdings unseren Denkgewohnheiten diametral. Wenn du wirklich mit Kreativität in Kontakt treten willst, musst du den Mut haben, dich dem Nichtwissen, der Verzweiflung, der Angst oder der Scham zu öffnen und zu vertrauen, dass neue Antworten durchkommen. Im Englischen wird heute viel von »emergence« gesprochen – vom Auftauchen neuer Lösungen, neuer Ansätze, wodurch die allem Seienden innewohnende Intelligenz in gewisser Weise zu uns spricht. Dafür müssen wir den Mut haben, uns der Situation zu öffnen, so wie sie ist.

Der Buddhismus gibt uns keine Antworten, aber er gibt

uns die Werkzeuge, um uns unserem Erleben voll zu öffnen. Wenn wir uns dieser Herausforderung des Nichtwissens, was wir tun sollen, stellen, werden wir erkennen können, worin unser Beitrag liegt.

Dieses Auftauchen ist ein spirituelles Prinzip. Es werden neue Arten zu verstehen zum Vorschein kommen und damit neue Antworten. Wir sind Teil einer globalen Zivilisation und haben diese Situation gemeinsam geschaffen – also müssen wir sie auch gemeinsam wieder in Ordnung bringen. Wir alle müssen versuchen, uns so gut wie möglich diesen neuen Denkanstößen zu öffnen. Diejenigen, die ihren Geist geschult und zumindest einige der Filter abgebaut haben, werden besser dazu in der Lage sein als andere, die aus Angst lieber erst gar nicht hinschauen. Das Wichtigste ist, das Richtige zu tun, das heißt, im Einklang mit den eigenen Einsichten und den eigenen Werten zu handeln. Es gibt ja mehr als genug Aufgaben auf dieser Welt. Einer fühlt sich zu Black Lives Matter hingezogen, die andere zur Klimabewegung, und wieder ein anderer arbeitet als Arzt oder Journalist in einem Krisengebiet. Und manche werden Nonne oder Mönch.

Wie passt solches Engagement zum Postulat des Loslassens?
Das ist ein Paradox: Du tust, was du kannst, um die Welt zu reparieren, und zugleich weißt du auch, dass sie nicht wirklich repariert werden kann. Samsara kann nicht repariert werden. Samsara ist kein Ort, es ist ein Geisteszustand. Du kannst Samsara nur in deinem eigenen Geist reparieren, indem du immer mehr die Kapazität entwickelst, dich mit Gleichmut

deinem Erleben zu öffnen. Dadurch werden auch die Antworten klar und du verwirklichst deine Einsicht, indem du sie lebst. Das gibt dir ein Gefühl von Bereicherung und Sinn. Dieser Sinn liegt nicht darin, dass die Welt irgendwann einmal perfekt ist. Das wird es nie geben, aber das Ideal wirkt wie ein Leitstern. Unser Geist kann auf dem Weg immer freier von kognitiven und emotionalen Schleiern werden. Je mehr Gier, Aversion und Verblendung aus dem Geist ausgewaschen worden sind, desto mehr Raum hat man um die eigene Erfahrung herum und desto weniger ist man damit identifiziert. Das ist die Hütte im Schneesturm.

Die Einsichten, die du in der Meditation gewinnst, sind nur dann wirkliche Einsichten, wenn du sie in dein Leben integrierst und dein Leben entsprechend gestaltest. Wenn du zum Beispiel das Leiden der Tiere siehst, kannst du irgendwann kein Fleisch mehr essen. »Verwirklichung« kommt von dem Wort »wirken« und bedeutet, dass man das im eigenen Handeln verwirklicht, was man in der Meditation erkannt hat.

Du hast einmal ein Meditationswochenende mit dem Titel »Von der Natur lernen« gehalten. Was hast du damit gemeint?

Wie schon gesagt, kann man das Wort Dharma auf viele Arten übersetzten. Dharma bedeutet unter anderem Natur oder die Naturgesetze. Darum gibt es Waldklöster: weil der Wald die Vergänglichkeit nur zu gut illustriert, wenn zum Beispiel alte Bäume umfallen und im Boden verrotten, woraus dann wieder neue Bäume wachsen. Im Wald kann man den Kreislauf des Lebens sehr gut nachvollziehen. Er bringt uns zu den wirklich grundlegenden Prozessen zurück: zur Vergänglichkeit und zur Einsicht, dass alles bedingt entstanden ist.

Die Rose in deinem Garten entsteht bedingt durch den Boden, den Regen, die Sonne, den Samen, das Haus, an dem sie hochklettern kann und so weiter. Die Rose an sich existiert nicht, es ist ein Zusammenkommen von dem, was ich gerade aufgezählt habe. Wenn du die Rose abschneidest und in fünfhunderttausend Teile zerteilst, kannst du mir keinen Teil zeigen, der die Rose an sich ist. Die Rose existiert nicht aus sich selbst heraus. Du auch nicht und ich auch nicht. Das ist Leerheit.

Emotionen und Achtsamkeit

Im Buddhismus ist immer wieder von Geistestraining die Rede. Du selbst hast dich mit einer Hochleistungssportlerin verglichen. Bei einer Marathonläuferin kann ich mir vorstellen, was sie trainiert. Aber wie kann ich mir Geistestraining vorstellen? Was wird da konkret trainiert?

Es werden gewisse Fähigkeiten oder Qualitäten des Geistes trainiert, die als die Sieben Erwachensfaktoren (Bojjhanga) bezeichnet werden. Ich nenne sie hier noch einmal: Achtsamkeit, Interesse oder Wirklichkeitsergründung, Energie, Freude, Ruhe, Sammlung und Ausgeglichenheit. Diese Qualitäten hat jede und jeder rudimentär im eigenen Geist, da sie für jede Fertigkeit, die man erlernen will, gebraucht werden.

Lass uns zurückkehren zum Begriff Training. Worin bestehen für gewöhnliche Praktizierende die Trainingsfortschritte? Was wird mehr und was wird weniger im Laufe des Trainings?

Das ist identisch für alle Praktizierenden, ob ordiniert oder nicht. Wie schon mehrmals erwähnt, werden die kognitiven und emotionalen Schleier, durch die wir die Realität sehen, immer dünner und weniger. Sie werden ausgedünnt und aufgelöst, bis nichts mehr von ihnen da ist. Durch das Nichtvorhandensein dieser Schleier sieht man die Dinge, wie sie wirklich sind. Man erkennt sie, mehr und mehr unbeeinflusst von den eigenen Wünschen, Hoffnungen und Ängsten.

Jemandem, der die Realität falsch sieht, ist sich nicht bewusst, dass er die Realität falsch sieht. Woran erkenne ich die richtige Sicht auf die Dinge?

Wenn im Geist kein Wollen oder Nichtwollen ist, wenn der Geist einfach offen ist und an nichts anhaftet, sieht man die Dinge, so, wie sie sich uns an unserem Standpunkt als Homo sapiens sapiens zu erkennen geben. Das Wollen und Nichtwollen verzerrt die Ansicht. Ein einfaches Beispiel: Angenommen du gehst sehr hungrig eine Straße entlang. Normalerweise würde es dir gar nicht auffallen, wie viele Restaurants es in dieser Straße gibt. Weil du so hungrig bist, siehst du überall Restaurants, du siehst die Straße anders als sonst, die Restaurants springen regelrecht heraus. Das ist jetzt nicht notwendigerweise eine Riesensache, aber so kann man das Prinzip verstehen. Das kann sich natürlich auch viel intensiver auswirken.

Das extreme Anhaften an den eigenen Vorstellungen, wie die Dinge zu sein haben und wie nicht, kann bis zu Verbrechen und Krieg führen. Wir sind voll von Konditionierungen, von Ängsten und Hoffnungen, die durch persönliche und kollektive Traumata, Familiensysteme, kulturelle Vorstellungen und so weiter in uns angelegt sind.

Ja, das kennen wir alles. Und wie fühlt es sich an, wenn diese Muster verschwinden?
Frei. Beim Unterrichten sage ich oft: Stell dir vor, du gehst mit einem neuen Paar Schuhe durch die Stadt und der linke ist dir zu eng. Und dann kommst du endlich heim und ziehst dir den Schuh aus, so ähnlich fühlt sich das an. Man spürt ein Gefühl von Freiheit, weil da kein Anhaften mehr ist. Anhaften hat immer etwas mit Beengung zu tun, man hält etwas fest oder drückt es von sich weg. Das ist immer mit Angst verbunden, das ist das Gegenteil von Freiheit.

Wie geht man im Geistestraining mit Emotionen um?
Es ist wichtig, sich seine Emotionen wirklich mit Interesse anzuschauen. Sich selbst dieses Wohlwollen entgegenzubringen und diesen Raum zu geben, damit sich zeigt, welche zum Teil unbewussten Tendenzen im Geist angelegt sind. Wenn man diesen Selbstheilungsprozess zulässt, werden sich Lösungen von selbst finden. Körper und Geist wissen, wie es geht, aber ohne Gewahrsein und Raum wird die Transformation nicht stattfinden können.

Starke Emotionen, insbesondere solche, die man nicht haben will, können zu Wegweisern werden. Sie zeigen dir, wo du stehst. Du kannst viel lernen, wenn du dich diesen Verstrickungen mit Wohlwollen zuwendest, ohne den Wunsch, schon woanders zu sein, nämlich da, wo diese Emotionen nicht mehr sind. Eine emotional unangenehme Situation kann zur Chance werden, die Vergangenheit abzustreifen, anstatt sie endlos zu wiederholen. Das Wichtigste ist, diese Empfindungen nicht zu unterdrücken und sie einfach da sein zu lassen. Beeinflussen kann man nur, wie man sich auf die momentane Erfahrung bezieht. Und Emotionen sind – wie alles – vergänglich.

Ich selbst neige dazu, mich schnell ausgeschlossen zu fühlen. Das kommt von meiner Familiengeschichte als Jüngste, die noch nicht mitkommen durfte, die nicht konnte, was die großen Geschwister bereits konnten. Ich weiß das und trotzdem begegnet mir dieses Muster immer wieder. Hilft es bereits, das Muster zu erkennen?
Auf jeden Fall! Du sagst dir innerlich: Interessant, was geht da ab, was ist da los? Du musst dir da gar keine Geschichten dazu erzählen. Es reicht, klar zu sehen, welche körperliche Komponente, welche Gefühlstönung und welcher Geisteszustand gegenwärtig da sind, gemeinsam mit dem Wissen, dass du dieses Gefühl bereits kennst. Mit Szenarien, die irgendwie mit Ausschluss zu tun haben, gehst du stark in Resonanz. Weil es in deiner Vergangenheit Situationen gegeben hat, die noch nicht ganz verdaut sind, bist du heute immer noch leicht verletzbar, wenn es dazu kommt.

Mit der Zeit wird es aber immer leichter. Das Muster wird zwar irgendwie noch da sein, aber es wird dich nicht mehr so stark in seinen Bann ziehen, wenn du dich wirklich damit anfreundest und es einfach sein lässt, so, wie es ist. Oft koppeln wir Menschen eine unangenehme Gefühlstönung mit dem Gedanken, dass irgendetwas mit uns oder der Situation falsch ist. Das ist zwar verständlich, aber unrealistisch. Es gibt auch viel Gutes, das mit unangenehmen Gefühlstönungen verbunden sein kann. Wenn du Unangenehmes vermeiden willst, vermeidest du Wachstum.

Kannst du genauer erklären, wie man achtsam bleiben kann, wenn man sich in einem Gefühlsstrudel befindet?
Es gibt Vier Übungsfelder der Achtsamkeit, die Vier Satipatthana. Das ist die Basisvorlage für die buddhistische Meditation. Sati heißt Achtsamkeit oder Gewahrsein und Patthana so viel wie Übungsfeld.

Für einen untrainierten Geist wirkt eine Erfahrung wie ein riesiger Knäuel aus zahllosen verschiedenen Komponenten. Man weiß nicht, wo er anfängt und wo er aufhört. Achtsamkeit erlaubt uns zu erkennen, dass diese Erfahrung aus verschiedenen Komponenten besteht. Wenn man eine Erfahrung so auseinandernimmt, hilft das, sich nicht völlig damit zu identifizieren. Achtsamkeit bedeutet zu schauen, was wirklich da ist, anstatt sich in einer selbst erzählten Geschichte darüber zu verlieren.

Das erste Übungsfeld ist der Körper, Kaya: Was spielt sich auf der körperlichen Ebene ab? Zum Beispiel ist da ein flaues Gefühl im Bereich des Solarplexus, meine Hände sind kalt und so weiter.

Dann gehe ich zur zweiten Ebene, den Gefühlstönungen: Wie fühlt es sich an? Unangenehm, angenehm oder neutral?

Die dritte Ebene, die es achtsam zu betrachten gilt, ist der Geisteszustand: die Stimmungslage, die den Geisteszustand einfärbt. Zum Beispiel Abwehr und Angst. Das zu wissen ist bereits sehr hilfreich, weil ich erkenne, dass ich die ganze Situation durch diesen Filter, diesen Schleier beurteile.

Das leitet über zur vierten Ebene, den Prinzipien der Erfahrung. Hier geht es um das Erkennen des abhängigen, des bedingten Entstehens. Hier zeigt sich, wie Konditionierung funktioniert, und da kann ich mir in Erinnerung rufen, dass alles, was anfängt, auch wieder endet. Wenn ich in einer schwierigen Situation durch dieses Verständnis gut für mich sorge und meiner Erfahrung Raum gebe, ist das viel effektiver, als mich abzulenken.

Wenn du diesen Prozess ein paarmal wirklich bewusst durchlebt hast, wirst du tiefes Vertrauen entwickeln, dass dieser Zustand in der Tat vergänglich ist, dann wird das Anhaften automatisch immer weniger. Anhaften ist einfach eine Angstreaktion, zum Beispiel die Vorstellung, dass eine problematische Situation immer so bleiben wird. Verstehst du das?

Ja. Mir wird gerade klar, dass Achtsamkeit auf allen vier Ebenen mit einer einzigen Erfahrung geübt werden kann.

Du kannst zum Lernen die Ebenen auch auseinandernehmen. In einer Meditationssitzung kann zum Beispiel ausschließlich Körperachtsamkeit trainiert werden. Für Anfängerinnen und Anfänger lehre ich Achtsamkeit zuerst auf der Körperebene und danach gebe ich Anweisungen zu den anderen Bereichen.

Ich komme immer wieder auf diese grundlegende Aussage zurück: Es geht nicht darum, was für eine Erfahrung du hast, sondern, wie du dich auf deine Erfahrung beziehst. Erfahrungen sind nie neutral, jede und jeder sieht die Dinge irgendwie anders, vom eigenen Standpunkt aus. Achtsamkeit bedeutet, zu sehen, wie sich unser Wollen und Wirken im Körper und im Geist manifestiert. Dieses Wollen und Wirken ist das, was uns zur nächsten Geburt bringt, und es geht darum, dieses Momentum im Geist durch Einsicht immer mehr aufzulösen.

Bei Fähigkeiten und Talenten, die mir gefallen, hätte ich doch gerne, dass sie eine bleibende Existenz haben, dass sie sich nicht auflösen.

Haben sie aber nicht, nichts hat eine bleibende Existenz. Und unsere guten Seiten sind gleichzeitig auch unsere Schattenseiten. Ich bin zum Beispiel gut im Organisieren, aber darin liegt auch ein Element der Kontrolle, das von Angst herrührt. Ich war in meiner Familie die Ältere, mein Bruder und ich sind viel alleingelassen worden und ich habe alles gecheckt. Und ich checke heute immer noch alles, wenn ich nicht achtsam bin. Sechzig Jahre später lebt mein Bruder ganz woanders und ich habe im Kloster wieder das Gleiche gemacht. Das Anhaften ist also immer noch da, aber im Vergleich dazu, wie es Jahrzehnte vorher war, ist es auf jeden Fall weniger geworden.

Buddhismus im Alltag

Wir haben jetzt ausführlich über das Geistestraining im Buddhismus gesprochen. Was sind die sichtbaren Aspekte in der buddhistischen Praxis, die formalisierten Rituale?
Zu verschiedenen Zeiten in meinem Leben habe ich verschiedene Formen der Praxis genutzt, manchmal auch sehr formbetonte. Im Laufe der Zeit wurde meine Praxis jedoch immer weniger komplex. Es ging immer mehr um den Kern: Was ist die nicht dualistische Sichtweise meiner Erfahrung? Wie kann ich mit meiner Erfahrung sein, so, wie sie ist, ohne egozentrierte Werturteile? Zu erkennen, ob da Anhaften im Geist ist, ist für mich der Kern der buddhistischen Praxis: das Anhaften zu erkennen, wann immer es da ist. Und mir anzuschauen, was dieses Anhaften mit sich bringt: Leid, Verwirrung und Vernebelung des Geistes.

Welche künstlerischen Hilfsmittel und Rituale gibt es im frühen Buddhismus und in deinem Kloster?
Verglichen mit dem Vajrayana wenige, aber es kommt auch darauf an, wie man es sieht. Wir haben eine Buddha-Statue und eine Darstellung von Mahapajapati Gotami, der Tante und Pflegemutter des Buddha, die eine der ersten Bhikkhunis war. Es gibt auch eine Statue von Prajnaparamita, der weiblichen

Verkörperung von Weisheit, die aus dem Mahayana kommt. Sie wird auch als die Mutter aller Buddhas bezeichnet, weil sie Leerheit symbolisiert. In meinem Zimmer hängen Porträtzeichnungen der Bhikkhunis, die Zeitgenossinnen des historischen Buddha waren und von ihm für ihre herausragenden Qualitäten in einigen Lehrreden namentlich genannt worden sind.

Gemeinschaft ist ein ganz wichtiger Faktor für die Praxis. Nur dem eigenen individuellen Programm strikt zu folgen, kann unter Umständen die eigenen egozentrischen Tendenzen noch verstärken.

Im Kloster folgen wir einem gewissen Stundenplan: Morgenmeditation, Abendmeditation, Zeiten des Edlen Schweigens et cetera. Nach der Abend-Puja herrscht bis zum Mittagessen des nächsten Tages Edles Schweigen, wenn nichts Unaufschiebbares anfällt. Puja bedeutet so etwas wie Andacht, dabei werden Sprechgesänge (Chants) und Meditation praktiziert.

Gechantet werden Rezitationen der Qualitäten von Buddha, Dharma und Sangha, Lehrreden, Zusammenfassungen von bestimmten Lehrreden, zum Beispiel Reflexionen über die Fünf Gewissheiten: Ich werde alt werden, ich werde krank werden, ich werde sterben, alles, was mir lieb ist, wird von mir getrennt werden, und ich bin die Erbin meiner Taten.

Wir verbeugen uns vor Buddha, Dharma und Sangha und rufen uns dadurch deren Qualitäten in Erinnerung, worüber wir bereits vorher im Zusammenhang mit den Drei Zufluchten gesprochen haben. Das wirkt erhebend auf den Geist, wodurch dieser sich leichter öffnen kann.

Durch deine äußere Erscheinung kommunizierst du auch sehr stark. Was ist da der tiefere Sinn?
Dass ich mir die Haare schere, ist eine Vereinfachung. Als Nonne brauche ich mir keine Gedanken über meine Haare zu machen. Der geschorene Kopf ist ein eindeutiges Markenzeichen, ein Teil meiner Berufsbekleidung, wenn man es so nennen will. Er ist auch ein uraltes Symbol für Entsagung. Wir Nonnen rasieren unseren Kopf am Tag vor Vollmond und vor Neumond, man kann es öfter machen und auch seltener, aber mindestens einmal im Monat.

Habt ihr spezielle Essensvorschriften?
Wir essen nach Sonnenhöchststand nicht mehr, Ausnahmen bilden gewisse Stärkungsmittel, zum Beispiel Käse, dunkle Schokolade, kandierter Ingwer und Sojamilch. Das sind Entsprechungen zu den fünf Stärkungsmitteln zur Zeit des Buddha, die als Medizin verwendet wurden: Honig, Butter, Ghee, Molasse und Zucker. Das waren sehr teure Lebensmittel, von denen man nur wenig für einen Kalorienschub braucht.

Die Regel, dass nach dem Sonnenhöchststand nicht mehr gegessen wird, hat einen praktischen Hintergrund. Es wird damit sichergestellt, dass die Almosenempfängerinnen und Almosenempfänger nicht den ganzen Tag über auftauchen, um Essen zu sammeln. Die Mönche und Nonnen gehen ganz in der Früh mit ihren Almosenschalen durchs Dorf und werden danach erst am nächsten Morgen wieder erwartet.

Ich habe jetzt schon öfters miterlebt, wie du einen Segen gibst, etwa vor dem Essen oder für eine neue Wohnung. Was machst du da genau?
Das sind bestimmte althergebrachte Sprechgesänge und Rituale, durch die man versucht, gute Energie in eine Situation einfließen zu lassen. Ordensleute werden zum Beispiel um Hochzeits- oder Babysegnungen gebeten oder ans Sterbebett gerufen. So ein Segen hilft dabei, Übergänge zu markieren. Die sprachliche Wurzel für »blessing«, was Segen auf Englisch bedeutet, ist die gleiche wie für Blessur, also Wunde. Diese Wunde ist eine Öffnung, durch die gute Energie oder Segen einfließen kann. Man öffnet sich für eine Veränderung, obwohl sie auch Schmerz beinhaltet. Ich gebe auch einen Segen, wenn du mich zum Essen einlädst, und erfreue mich an deiner Großzügigkeit. Es geht hierbei um die Anerkennung, dass etwas gegeben und damit Dana oder Großzügigkeit geübt wurde.

Du hast nach so einem Segen bei einer Essenseinladung auch gefragt, mit wem der Verdienst geteilt werden soll. Im Buddhismus taucht immer wieder der Begriff von Verdienst auf. Was kann ich mir konkret darunter vorstellen?
Alle absichtsvoll heilsamen Handlungen mit Körper, Rede und Geist sind verdienstvoll. Das sind Handlungen, bei denen du nicht nur an dich selbst, sondern auch an andere und das bedingte Entstehen denkst. Jede solche förderliche Handlung kann auch gewidmet werden. Man kann zum Beispiel sagen, heute vor fünfzehn Jahren ist meine Großmutter gestorben und ich möchte ihr den Nutzen dieses Essens widmen, wo im-

mer sie auch sein mag. Das hilft beiden, es hilft auch derjenigen, die die Großmutter verloren hat, weil sie das Gefühl hat, immer noch etwas Gutes für sie tun zu können.

Der erste Schritt zum Erwerb von Verdienst ist Dana, Geben. Im Großen und Ganzen geht es um materielle Großzügigkeit: etwas hergeben von dem, was du hast. Der nächste Schritt ist, die Vier Himmlischen Verweilzustände – Güte, Mitgefühl, Mitfreude und Gleichmut – als Grundeinstellung dir selbst und der ganzen Welt gegenüber zu kultivieren. Verdienst manifestiert sich als mehr oder weniger günstige Umstände für die Praxis, sowohl im jetzigen als auch in zukünftigen Leben.

Das Gegenteil von Verdiensten sind unheilsame Handlungen. Die Fünf Ethischen Grundsätze sind dazu da, uns einen Rahmen zu geben, in dem immer weniger unheilsame Handlungen stattfinden. Man könnte sagen, dass die Qualität des Geistes entweder in eine positive oder in eine negative Richtung geschult und verändert wird.

Ich kann also den Erwerb von Verdienst bewusst anstreben, dadurch gezielt auf eine bessere Lebensqualität und eine bessere Wiedergeburt hinarbeiten. Ist das nicht ein Widerspruch in sich, wenn ich das egoistisch für mich mache?

Am Anfang kann da natürlich ein gewisses Eigeninteresse mitschwingen, aber mit fortschreitender Praxis löst sich das auf. Verdienste schaffen einen positiven Eindruck im Geist, und so, wie die Praxis auf zwei Ebenen, der weltlichen und der überweltlichen, erfolgt, gibt es zwei unterschiedliche Ebenen von Verdienst. Die weltliche Vorstellung von Verdienst, komfortable Umstände, ist eine Methode, Menschen zur Praxis zu motivieren. Sie befolgen die Fünf Ethischen Grundsätze, leben ein gutes Leben, unterstützen andere Menschen, die Unterstützung brauchen, schützen Menschen, die Schutz brauchen, und so weiter und so fort. Diese Art von Verständnis von Verdienst ist Weltliche Rechte Ansicht. Man nennt Menschen, die auf diese Art praktizieren, Haushälter.

Und dann gibt es noch eine zweite Ebene, wie sich Verdienst auswirken kann, indem du immer mehr Raum um deine Erfahrung herum gewinnst und daher zunehmend in der Lage bist, in Gewahrsein zu verweilen, anstatt dich mit deiner Erfahrung zu identifizieren. Diese zweite Ebene von Verdienst ist Überweltliche Rechte Ansicht. Sie beinhaltet die Absicht, den Geist bis zur völligen Befreiung von Gier, Aversion und Verblendung zu trainieren, was als Nirvana bezeichnet wird. Nirvana bedeutet wortgetreu Verlöschen und wird auch oft mit Erwachen oder dem Nichtkonditionierten, Nichtbedingten übersetzt.

Die buddhistische Praxis und die Vorstellung von Verdiensten erfolgt also auf zwei verschiedenen Ebenen. Auf der weltlichen Ebene erkennt man an, dass man Eltern und Kinder und Pflichten ihnen gegenüber hat, dass man von anderen viel bekommen hat, dass eine Gegenseitigkeit besteht. Auf der nicht weltlichen Ebene will man alle Verblendung hinter sich lassen, was letztlich im Verlöschen mündet.

Findest du irgendwelche Texte oder Listen besonders brauchbar für die buddhistische Praxis?

Ich finde die 37 Bodhipakkhiya-Dhamma[23] besonders brauchbar. Sie stellen die Kernstruktur des frühen Buddhismus dar. Dabei wird immer das Gleiche beleuchtet, nämlich der Weg zur Befreiung. Stell dir ein Juwel in der Mitte eines Zimmers mit sieben Fenstern vor. Du kannst durch alle sieben Fenster reinschauen und siehst immer das Gleiche, aber jeweils aus einem anderen Blickwinkel und in einer anderen Facette.

Mein Lieblingssutta ist das Dhammacakkappavattana-Sutta, die erste Lehrrede des Buddha, die das Rad der Lehre in Gang gesetzt hat. In seinem ersten Vortrag nach seinem Erwachen wandte er sich an jene fünf Gefährten, mit denen er lange praktiziert hatte und die ihn verlassen hatten, nachdem er die extreme asketische Praxis aufgegeben hatte. Der Weg, den er damals eingeschlagen hat, hat er den Mittleren Weg genannt, den Mittleren Weg zwischen den beiden Extremen. Das eine Extrem ist, sich in Sinnesgenüssen zu verlieren, und das andere, den Körper zu geißeln und ihm nicht zu geben, was er braucht. Dieser Mittlere Weg zwischen den beiden Extremen ist in dieser Lehrrede zum ersten Mal beschrieben worden.

Gibt es Texte oder Überlieferungen, die für Frauen besonders hilfreich sind oder sich besonders an Frauen richten? Findet sich in den niedergeschriebenen Lehren so etwas wie eine weibliche Praxis?

23 Siehe Anhang, Seite 188.

Nein, das gibt es nicht. Letztlich werden ja auch die Konzepte von Geschlecht und Gender als leer und nicht wirklich existierend angesehen. Aber im konventionellen Leben haben die Bhikkhunis, die Nonnen, teilweise andere Regeln als die Bhikkhus, die Mönche. Bhikkhunis waren immer in Gefahr, als Freiwild angesehen und vergewaltigt zu werden, daher brauchten sie Schutz. Da sind wir wieder bei den zwei Ebenen der buddhistischen Praxis, die ich bereits im Zusammenhang mit dem Verdienst angesprochen habe. Es kommt darauf an, worüber man spricht: über das konventionelle Dasein, das Alltagsleben, oder über den Weg zur Verwirklichung. Letztlich werden alle diese Begrifflichkeiten aufgegeben, doch solange wir noch hier und in einem Körper sind, müssen wir essen, haben einen Pass und sind Mann, Frau oder divers.

Es gibt in der niedergeschriebenen Lehre Listen, was zum Beispiel eine gute Frau, eine Haushälterin, ausmacht. Diese Listen sind stark von der Eisenzeitkultur vor circa 2.500 Jahren geprägt. Frauen, die damals in Indien gelebt haben, waren Eigentum von Männern, zuerst ihres Vaters, dann ihres Ehemannes und nach dessen Tod ihres Sohnes.

Die Therigatha ist eine Gedichtsammlung der frühen Nonnen, in denen es um das Erwachen geht. Diese Frauen aus unterschiedlichen Gesellschaftsschichten, die Nonnen geworden sind, haben zur Zeit des Buddha und etwas später gelebt. Es war sehr radikal für die damalige Zeit, dass man es Frauen ermöglichte, den Haushalt zu verlassen und ihren Weg als Nonnen unterstützt hat. Diese Frauen sind voll erwacht, ohne jeglichen Unterschied zu den Männern. In manchen der Therigatha wird ganz klar angesprochen, dass Frauen genau das gleiche Potential wie Männer haben.

Die ersten fünfhundert Jahre sind diese Texte – sie sind sehr poetisch und deswegen will ich sie lieber als Gedichte bezeichnen – mündlich weitergegeben worden. Die ältesten erhaltenen Niederschriften der Therigatha finden sich im Pali-Kanon. Das sind sogenannte Udanas, inspirierte Äußerungen, die in einer erstaunlich frischen und aufschlussreichen Weise von der Freude, frei und erwacht zu sein, berichten. Sie enthalten auch sehr genaue Beobachtungen des täglichen Lebens von Frauen im damaligen Indien, die ein scharfsinniges Bewusstsein für menschliche Psychologie aufzeigen. Daraus erklärt sich die große Anziehungskraft für die zeitgenössische Leserschaft. Die Therigatha sind eines der wenigen Pali-Werke, das in zahlreichen Übersetzungen Eingang in die moderne Weltliteratur gefunden hat.

Ist für die buddhistische Praxis eine Lehrerin oder ein Lehrer unverzichtbar? Kann man theoretisch Buddhistin sein und sich nur auf Bücher stützen?

Man kann den Buddhismus nicht nur auf der Grundlage von Büchern verstehen, denke ich. Im frühen Buddhismus und im Theravada sagt man, dass jemand, der in den Strom eingetreten ist, keinen Lehrer oder keine Lehrerin mehr braucht. Er oder sie hat die erste Ebene des Erwachens verwirklicht, hat den Dharma schon einmal ganz klar gesehen und weiß daher, wo er oder sie hingeht. Eine Lehrerin oder einen Lehrer zu haben würde den Prozess in Richtung volles Erwachen jedoch unterstützen und beschleunigen.

Im Buddhismus spielt der Lehrer oder die Lehrerin eine wichtige Rolle und es gibt verschiedene Arten, wie sich ein Lehrer oder eine Lehrerin manifestiert. Im Theravada ist der Lehrer wie ein Kalyanamitta, ein Freund, der schon weiter auf dem Weg ist, der uns helfen und den Weg weisen kann. Man hat zwar Pflichten dem Lehrer oder der Lehrerin gegenüber, aber sie werden nicht als unfehlbar angesehen. Es ist sogar die Pflicht des Schülers, den Lehrer darauf aufmerksam zu machen, wenn er sieht, dass dieser einen Fehler macht.

In späteren buddhistischen Traditionen wie dem Vajrayana betrachtet man den Lehrer als Buddha und als unfehlbar. Was immer er macht, erklärt man damit, dass es gut für den Schüler oder die Schülerin ist. Das hat eine Kraft, aber es kann dabei auch einiges schiefgehen, speziell bei den Themen Sex, Geld und Macht. Und eine Überprüfung der Situation ist schwierig, da man nur dann erkennen kann, ob jemand voll erwacht ist, wenn man es selbst ist. Insgesamt ist es schwierig, Klarheit zu bewahren, weil natürlich viele Projektionen von Schülerinnen und Schülern ausgehen.

Eine Funktion des Guru[24] ist es, schlummernde Dinge ans Licht zu bringen, in dieser Hinsicht wirkt er wie ein Therapeut. Das ist eine wichtige Arbeit, aber wenn es keine Kontrollmechanismen gibt, kann das schon gefährlich werden, für den Lehrer und den Schüler. Ein wirklicher Guru, davon gibt

24 Guru bedeutet übersetzt »der schwer Wiegende«.

es gar nicht so viele, fungiert als Provokateur oder Köder und gleichzeitig als Beschützer, sodass du dich nicht total verfängst und Dinge machst, die dein Leben verkomplizieren. Ich habe buddhistisch Praktizierende aus allen Schulen gesehen, die echt durchgedreht sind. Wenn gewisse Prägungen oder Traumata berührt werden, können Menschen völlig die Kontrolle verlieren. Der Lehrer oder die Lehrerin kann dich jedoch nur beschützen, wenn es eine wirkliche Zusammenarbeit gibt.

Ich kenne von mir die Sehnsucht nach einem Lehrer. Am liebsten hätte ich, dass er mich als Reinkarnation, gewissermaßen als alte Bekannte erkennt. Und ich glaube, dass ich mit diesem Wunsch nicht allein bin.

Das ist eine tiefe weibliche Prägung des Patriarchats: Du wirst vom Alphamann als die für ihn bestimmte Begleiterin erkannt. Ich glaube nicht, dass das ein persönliches Problem von Frauen ist. Das gehört zu den alten patriarchalen Mythen und Denkmustern, die den Status quo aufrechterhalten und in vielerlei Hinsicht nicht mehr passend für die heutige Situation sind.

Das generelle patriarchale Grundmuster der männlichen Dominanz betrifft nicht nur die Frauen und das feminine Prinzip, sondern auch die Natur. Man holt aus der Erde heraus, was man nur herausholen kann, ohne Rücksicht auf Verluste. Dieser Ansatz hat den Planeten so zugerichtet, dass wir hier bald nicht mehr leben können, wenn wir kein adäquates Update finden. Mein zentrales Anliegen ist es, diesen Bewusstseinswandel zu unterstützen, damit zukünftige Generationen von Menschen weiterhin auf diesem Planeten leben können.

Hast du auch männliche Schüler?

Es kommen hauptsächlich Frauen zu uns, aber auch Männer und Transmenschen. Es gibt Bhikkhunis, die im Reisepass als Frau geführt werden, sich jedoch in Wirklichkeit weder als Mann noch als Frau fühlen. Homosexuelle Männer fühlen sich oft von der weiblichen Ausdrucksweise der Lehre angesprochen. An den letzten Trainingskursen für zukünftige Laienlehrer des Buddhismus in Spirit Rock und IMS haben hauptsächlich People of Color, Transmenschen und queere Personen teilgenommen. Diese Menschen werden zurzeit sehr gefördert, damit der buddhistische Lehrkörper stärker von diesen verschiedenen Richtungen durchflossen wird, um der heutigen gesellschaftlichen Realität besser Rechnung tragen zu können. Die buddhistische Lehre soll diverser werden, das ist ein großes Thema, nicht nur in den USA.

Du hast gerade die weibliche Ausdrucksweise der buddhistischen Lehre erwähnt. Was macht diese aus?

Das kann man sicher nicht generell sagen. Vielleicht ist da mehr Kapazität, um mit Emotionen umzugehen und diese zu benennen. Bei uns wird Hierarchie weniger betont und wir bemühen uns, auf Augenhöhe miteinander zu sein. Eine gewisse Hierarchie gibt es jedoch in Klöstern immer. Wer länger ordiniert ist, hat oft mehr Erfahrung und daher mehr zu sagen. Es gibt auch Bhikkhuni-Gemeinschaften, die sich mehr an traditionelle asiatische Formen halten und in denen Hierarchie ziemlich betont wird.

Das ist jetzt vielleicht eine merkwürdige Frage. Aber wie könnte eine Welt aussehen, in der alle erwacht sind?
Es ist müßig, sich das vorzustellen. Alle fühlenden Wesen auf diesem Planeten erleben ihr Hiersein völlig unterschiedlich, weil sie jeweils durch andere Filter schauen. Jeder lebt in seiner eigenen Welt. Bei vollständig Erwachten ist kein Wollen mehr im Geistesstrom vorhanden und dieser erlischt. Alle anderen werden sich so lange durch ihre Leben bewegen, bis sie einsehen, dass der einzige Weg zu wirklicher Ruhe und Erfüllung ist, nichts mehr zu wollen.

Unsere Wissenschaften gingen lange von der Annahme aus, dass es eine objektive Welt, eine einzige wirkliche Welt gibt. Aber außerhalb der sechs Sinne gibt es keine Welt. Das heißt nicht, dass da nichts ist, natürlich ist da etwas. Aber es gibt viel mehr als bloß deine oder meine Sichtweise. Ein Chamäleon etwa sieht alles ganz anders als wir. Das Auge ist im Laufe der Evolution vierzig Mal entstanden. Es gibt viele verschiedene Arten von Augen, und die sehen die Welt auf ihre bestimmte Art und Weise.

Wann kommt die Belohnung für die buddhistische Praxis? Es gibt religiöse Bewegungen, da wird für den Lottogewinn am nächsten Wochenende gebetet. Auf dem Weg der buddhistischen Praxis bekommt man nicht sofort etwas.
In allen Religionen gibt es verschiedene Ebenen von Praxis, weil es eben so viele verschiedene Menschen gibt. Das ist im Buddhismus nicht anders. Da kann man auch zum Mönch gehen und den Füllfederhalter der Tochter segnen lassen, weil

sie eine Prüfung hat, oder das neue Auto, das man sich gekauft hat, oder das neue Haus, in das man gezogen ist.

Auf fortgeschrittener Ebene wird die religiöse Praxis immer weniger Ich-bezogen. Am Anfang geht es noch darum, dass Ich die Prüfung schaffe, dass Ich einen Sohn bekomme, dass Ich gesund bin. Und dann wird die Praxis immer feiner und irgendwann ist das Einzige, was ich noch will, dass mein Handeln anderen Nutzen bringt, weil mich das glücklich macht. Es wird also immer besser verstanden, dass Glück mit dem Glück anderer zusammenhängt, dass du nicht für dich alleine glücklich sein kannst.

Weisheit und Mitgefühl sind wie die beiden Seiten einer Münze. Wenn etwas wirkliche Weisheit ist, dann ist da Mitgefühl, wenn etwas wirkliches Mitgefühl ist, kann es nur mit Weisheit umgesetzt werden. Wirkliches Mitgefühl und wirkliche Weisheit entstehen immer gemeinsam.

Fang einfach an!

Buddhismus hier und jetzt

Der Buddhismus ist über 2.500 Jahre alt. Was kann er heute in die Welt bringen?

Er hat heute die gleiche Befreiungskraft wie vor 2.500 Jahren im Indien der Eisenzeit. Der Buddhismus ist ein Weg in die Freiheit von Verblendung und dadurch auch in die Freiheit von Stress und Leid. Davon kannst du so viel nehmen, wie du willst oder kannst. Du kannst ein weniger stressgeplagtes Leben führen, weil du heilbringend agierst, oder du kannst den ganzen Weg bis zum vollen Erwachen beziehungsweise Erlöschen gehen – und bis zu jeder Stufe dazwischen. Das Ende von Samsara kann nur individuell erfahren werden. Es hängt von den geistigen Trübungen ab, ob ein Mensch sozusagen in Samsara oder Nirvana lebt, ein Ende von Samsara an sich gibt es nicht.

Heutzutage haben alle Menschen auf diesem Planeten das gleiche Problem bezüglich der Grenzen unserer Biosphäre. Die größte materielle Problematik, der die Menschheit jemals ins Auge blicken musste, ist gleichzeitig auch eine noch nie dagewesene Chance, als Spezies den nächsten Entwicklungsschritt zu machen. Alles, was auf diesem Planeten geschehen muss, um zu überleben, kann gleichzeitig den Reifungsprozess unserer Spezies unterstützen. Im Buddhismus und auch in anderen spirituellen Systemen wird das Leben nicht als Möglichkeit gesehen, mehr angenehme Sachen und weniger unangenehme zu erleben, sondern als Chance zu lernen.

Die Klimakrise hilft uns zu erkennen, welche schwerwiegenden Auswirkungen unsere Verblendung haben kann. Die Klimakrise ist ein Problem, das die Spezies Homo sapiens sapiens kreiert hat. Es ist keine Kleinigkeit, zu erkennen, wie wichtig es ist, dass du persönlich an dir arbeitest, nicht nur für dich, deinen Mann, deine Frau und deine Familie, sondern für die ganze globale Gemeinschaft, Tiere und Pflanzen eingeschlossen, für alles.

Was treibt Menschen deiner Erfahrung nach heute in Richtung Buddhismus? Was suchen die Menschen, die zu dir kommen?
Der Buddhismus ist sehr pragmatisch. Du kommst zu meinem Vortrag, bekommst Anleitungen zur Meditation und wir meditieren gemeinsam. Danach praktizierst du Meditation allein jeden Tag für circa zwanzig Minuten und mit der Zeit hast du wirkliche Erfolge in Form von Einsichten. Sagen wir nicht Erfolge, sondern eine handwerkliche Geschicklichkeit wurde erlernt, die du immer weiter ausbauen kannst.

Im Buddhismus musst du nichts glauben und du musst nirgends unterschreiben. Du musst nur Zeit investieren, um es selbst auszuprobieren. Das Einzige, was aus meiner Sicht von Anfang an so gut wie nur möglich befolgt werden sollte, sind die Fünf Ethischen Grundsätze. Aber da kommst du eh selbst drauf. Wenn du meditierst, wirst du sensibilisiert, sodass du gewisse Sachen nicht mehr machen willst oder kannst.

Generell wird heute immer mehr erkannt, dass man mit seinem Geist arbeiten kann, dass man nicht nur das passive Opfer seines Geistes ist. Das hat auch viel mit den Erkenntnissen der wissenschaftlichen Psychologie zu tun, vor allem im Bereich der Gehirnplastizität. Dann erfährt man, dass es da verschiedene Methoden und Wege gibt, wie man den Geist systematisch verändern kann, und dazu gehört der Buddhismus. Buddhistinnen und Buddhisten machen das schon seit über 2.500 Jahren.

Verschiedene Menschen haben verschiedene Motive. Manche werden vielleicht angetrieben, weil es eine hippe Sache ist zu meditieren und weil es abgefahren ist, das von einer Nonne zu lernen. Andere wiederum haben ein wirkliches Interesse an einer authentischen Lehre, zum Beispiel am frühen Buddhismus. Die wollen wirklich wissen, was die Essenz der Lehre ist.

Wenn du von einer Veränderung des Geistes sprichst, merke ich, dass ich da immer noch Erklärungsbedarf habe. Was geschieht im Geist und was bleibt, wenn ich sterbe, wenn mein Körper vergeht?

Wir glauben generell an ein Ich, an irgendeinen Kern, der unser Ich ist. Aber in Wirklichkeit ist der Geist ein Fluss, der sich jeden Moment verändert. Und irgendwann einmal ist dann der Körper, der eigentlich auch ein Fluss oder Prozess ist und für einige Zeit zusammen mit dem Geistesstrom fließt, so alt oder krank, dass er stirbt, sich auflöst und verschwindet. Die

Elemente, die dem Körper Form gegeben haben, gehen wieder zu den Elementen zurück, Erde zu Erde, Wasser zu Wasser und so weiter.

Und wenn der Geistesstrom noch nicht völlig frei von Wirken und Wollen ist, wird er sich für das nächste Leben einen neuen Körper nehmen. Ein Praktizierender stirbt und macht einfach im nächsten Leben dort weiter, wo er oder sie aufgehört hat. Wenn sich die Praxis wirklich gut in den eigenen Geistesstrom eingeprägt hat, kann er oder sie sich auch viel schneller wieder erinnern und wird in Umstände hineingeboren, in denen es Unterstützung für die Praxis gibt.

Sprache ist dualistisch, wir sprechen generell nur von Sein oder Nichtsein. Wenn du dir Fotos aus deiner Kindheit anschaust, siehst du dich zum Beispiel im Alter von drei Jahren im Wohnzimmer deines Elternhauses. Bist das wirklich du? Das bist weder du noch nicht du, der Fluss ist einfach weitergeflossen. Jemand, der das versteht, der stellt solche Fragen gar nicht mehr. Er oder sie weiß, dass man diese Frage auf der intellektuellen Ebene nicht wirklich beantworten kann.

Ich glaube, dass es hier ein grundsätzliches Verständnisproblem zwischen östlicher und westlicher Philosophie gibt. Die Logik nach Aristoteles, die unser Denken bis heute prägt, ist auf Ausschließen ausgerichtet, auf ja oder nein.

Das ist auch mit ein Grund dafür, dass der Buddhismus etwas bietet, wonach die Leute hier dürsten. Die westliche Philosophie fußt auf ja oder nein. Mit diesem Denken hat man viel bewältigt und geschaffen und kann unter anderem sogar machtvolle Computer herstellen.

Aber da gibt es noch mehr, die sogenannte Grauzone, die als etwas Zweitrangiges oder Unausgereiftes angesehen wird. Dass der Geist sich weiterentwickelt und sich damit andere Dimensionen auftun, die man mit unserer herkömmlichen Sprache gar nicht ausdrücken kann, das halten wir schwerlich für möglich und deshalb nennen wir es Grauzone.

Gibt es eigentlich zwei Bewusstseinsströme? Der, der durch mich durchgeht, wo immer etwas von mir drin ist, und dann noch einen gesamten Bewusstseinsstrom, wo alles Umgebende drin ist?
Bei solchen Fragen hat der Buddha stets gesagt: Darüber brauchst du dir nicht den Kopf zu zerbrechen. Arbeite mit dem, was jetzt wirklich in deiner momentanen Erfahrung abläuft, und der Rest wird sich erweisen. Wenn man immer alles wissen will, kann das auch ein Vorwand dafür sein, nicht zu meditieren, weil man ja noch dieses und jenes vorher abklären muss. Wenn du meditierst und dich wirklich mit dem auseinandersetzt, was in dir vorgeht, stößt du vermutlich auf eine gute Portion unverdauter Gefühle. Manche Menschen bleiben lieber immer im Kopf und praktizieren nie wirklich, das gibt ihnen ein Gefühl der Kontrolle.

Zumindest in Europa und den USA ist der Buddhismus ein Minderheitenprogramm. Könnte man sagen, dass er elitär ist?
Es muss gesagt werden, dass konvertierte Buddhistinnen und Buddhisten im Westen meist Leute aus der weißen Mittel-

schicht sind. Deswegen werden derzeit in den USA Programme zur Förderung der Diversität im Buddhismus so vorangetrieben.

In Asien gibt es viele Buddhistinnen und Buddhisten, die nicht einmal schreiben und lesen können. Damit, dass der Buddhismus schwer zu verstehen oder zu vermitteln wäre, hat es also nichts zu tun. Um auf Europa und die USA zurückzukommen: Leute aus der Mittelklasse haben Geld. Sie konnten sich bereits gewisse Wünsche erfüllen und erkennen daher, dass das nicht wirklich erfüllend ist, und stoßen auf eine Lehre, die klar ausspricht, dass alles unzulänglich ist. Für Menschen, die sich noch nicht genug Wünsche erfüllen konnten, mag es schwieriger sein, zur Erkenntnis zu gelangen, dass alles unzulänglich ist.

Warum der Buddhismus im Westen nicht massentauglich ist, kann auch damit erklärt werden, dass es im Buddhismus keinen Gott gibt. Gemäß dem patriarchalen Denkmuster und wenn man Angst hat, wünscht man sich einen mächtigen Mann mit Bart, der sagt, wo es langgeht. Den gibt es im Buddhismus nicht. Es gibt keinen Gott, es gibt den Dharma. Das entspricht auch einer letzten Instanz, die aber nicht personalisiert wird. Dharma sind die Naturgesetze, so, wie du in den Wald hineinrufst, so tönt es heraus. Das sind Ursache und Wirkung in einer Welt, in der alles bedingt entstanden ist.

Dem Buddhismus wird nachgesagt, dass er sehr anpassungsfähig ist: an kulturelle Gegebenheiten, an Zeitgegebenheiten. Wo siehst du da heute die größten Herausforderungen?

Es gibt gewisse Bereiche mit beträchtlichem Spielraum zur Anpassung. Ich habe großen Respekt vor den verschiedenen Übertragungslinien, die alle aus Asien kommen, und denke gleichzeitig, dass es angebracht ist, zu versuchen, diese sehr pragmatische befreiende Lehre in Bilder und die Sprache unserer eigenen Kultur in Europa und den USA zu überführen. Das ist etwas, das mich besonders interessiert, und ich denke, dass mein Hintergrund in Sozial- und Kulturanthropologie und meine Erfahrungen mit Theater und Performance dafür gute Voraussetzungen bieten.

Wie würdest du jemandem, der wenig über den Buddhismus weiß, in Kürze erklären, warum er oder sie Buddhistin werden sollte?
Ich würde zu niemandem sagen, dass er oder sie Buddhist werden soll. Ich würde empfehlen, sich die Zeit zu nehmen, um sich zum Beispiel eine grundlegende Meditationsanleitung anzuhören und dann zu sehen, ob das Sinn macht oder nicht. Buddhistin oder Buddhist wird man, wenn man bis zu einem gewissen Grad überzeugt ist, dass die Lehre etwas Heilsames ist, dass sie unter dem Strich ein Gewinn ist. Das muss jeder selbst erfahren, um es zu entscheiden.

Ich sehe es überhaupt nicht als meine Aufgabe an, Menschen zu Buddhisten zu machen. Wenn jemand von mir etwas lernen will, kann er oder sie kommen. Ich versuche, den Dharma nicht nur zu lehren, sondern auch zu leben. Manche Menschen fühlen sich dadurch angezogen und andere denken vielleicht: Was soll denn so speziell an dieser Nonne sein. So einfach ist das.

Ich habe irgendwo gelesen, dass es im Buddhismus als die höchste Stufe von Verdienst gilt, einen Menschen in Kontakt mit der buddhistischen Lehre zu bringen. Hat das nicht etwas Missionarisches?
Das ist wahr und hat zugleich nichts Missionarisches. Ich als Europäerin würde nicht einmal sagen, dass es die buddhistische Lehre sein muss, sondern irgendein spiritueller Weg, der zu Freiheit, Weisheit und Mitgefühl führt. Ich selbst habe die Grundsätze des buddhistischen Pfades sehr schnell verstanden und war nach kürzester Zeit vollkommen überzeugt, dass das alles stimmig ist. Vermutlich habe ich in früheren Leben schon Vorarbeit geleistet. *(Lacht)*

Du kannst einen Dharma-Tag organisieren, ein Dharma-Buch verschenken, das du gut findest, und so weiter. Aber was jemand damit macht, wenn er oder sie mit der buddhistischen Lehre in Kontakt kommt, das sollte niemand anderer in die Hand nehmen.

Wenn ich dich um deinen Rat frage, wie ich mit der buddhistischen Praxis beginnen soll?
Fang einfach an! Durch das Anfangen hast du die persönliche Erfahrung, die in dir Kraft freisetzt, und dadurch geht es immer irgendwie weiter. Die Drei Zufluchten sind eine Art Navigationssystem. Wenn du keine Ideale, keine Vision und keine Ziele hast, verlierst du dich und gehst im Kreis. Gleichzeitig musst du aber auch immer wieder auf den Boden deines Weges schauen, ob da ein Loch oder irgendein anderes Hindernis auftaucht. Du musst immer beides im Auge haben. Das ist der Mittlere Weg.

Anhang

Biographie Santacitta Bhikkhuni

1958 kommt Santacitta Bhikkhuni als Sylvia Helga Bayer in Bruck an der Mur in der Steiermark, Österreich, auf die Welt. Sie ist das erste Kind der Wirtsleute vom Hotel Restaurant Bayer am Hauptplatz der Kleinstadt. Ein Jahr nach Sylvia wird ihr Bruder geboren. Die Eltern sind liebevoll zu den Kindern, soweit es neben der Arbeit möglich ist. Das Gefühl ungeteilter und unbegrenzter Aufmerksamkeit genießen sie allerdings nur selten, das Familienleben findet im Hotel statt.

Im Winter macht die Familie für die damalige Zeit spektakuläre Reisen, die sich den Kindern tief einprägen. In Gran Canaria machen die dreizehnjährige Sylvia und ihr Bruder die Erfahrung von Todesnähe, die beiden wären beinahe im winterlichen Atlantik ertrunken.

In den folgenden Jahren reist die Familie mehrmals nach Afrika, für Sylvia tun sich neue Welten auf.

Die Eltern sind kulturelle Katholiken, die Kinder bleiben jedoch seitens der Familie frei von religiösem Druck. Für die Eltern steht außer Frage, dass eines der beiden Kinder später das Hotel übernehmen wird, möglicherweise auch die Tochter. So besucht Sylvia nach Abschluss der Hauptschule ab 1975 die

Hotelfachschule im steirischen Bad Gleichenberg. Sie schließt danach noch die Höhere Lehranstalt für Fremdenverkehrsberufe in Schloss Kleßheim in Salzburg mit der Matura ab, obwohl sie nicht in dieser Branche arbeiten will.

1979 zieht Sylvia Bayer nach Wien um und ihre Welt öffnet sich weiter. Sie beginnt das Studium der Völkerkunde, das Fach wird heute als Kultur- und Sozialanthropologie bezeichnet. Ihr Lebensgefährte, den sie schon in der Hotelfachschule kennengelernt hat, ist Mitglied des Ensembles der Theatermacher Erwin Piplits und Ulrike Kaufmann, die mit Masken und Kunstfiguren arbeiten. 1980 entsteht daraus das später international bekannte avantgardistische Serapionstheater. Neben ihrem Studium arbeitet Sylvia Bayer beim Serapionstheater in der Garderobe und an der Kasse. Ihre Kreativität und ihr handwerkliches Geschick beweist sie als Kostümbildnerin in der Schneiderei.

Nach mehreren Umzügen innerhalb Wiens ziehen Sylvia Bayer und ihr Lebensgefährte ins Ökotopische Zentrum in Maria Lanzendorf in Niederösterreich, das sie gemeinsam mit einer Gruppe von Freundinnen und Freunden gründen.

1982 fängt sie an, am Serapionstheater als Darstellerin zu arbeiten. In der Produktion *Double and Paradise* steht sie erstmals auf der Bühne; diese Produktion wird für das Ensemble zum ersten Erfolg außerhalb von Österreich. Nach dem Ende der Beziehung mit ihrem Lebensgefährten verlässt sie das Ökotoptische Zentrum wieder und zieht in eine Wohngemeinschaft mit zwei Mitstudierenden in Wien. Auf Dauer lassen sich Studium und Theater jedoch nicht vereinbaren und 1985 verlässt sie das Theater, um ihre Dissertation fertig zu schreiben. Ihr Interesse gilt auch in der Wissenschaft Tanz, Ritualen und Symbolen. Der Abschied vom Theater fällt ihr schwer. Neben ihrem Studium jobbt sie als Nachtkellnerin im Ausgehviertel Bermudadreieck in Wien.

1986 stirbt ihre Mutter nach einem Reitunfall und im Jahr darauf reist Sylvia Bayer nach Thailand und kommt dort zum ersten Mal mit dem Buddhismus in Kontakt. Auf der Insel Ko Phi Phi verliebt sie sich in einen jungen Fischer. Zurück in Wien ändert sie das Thema ihrer Dissertation, sie plant nun eine Feldforschung zum Thema Tanz und Ritual in Thailand.

1988 kommt sie per Zufall zum ersten Mal ins Kloster Suan Mokkh von Ajahn Buddhadasa und lernt zu meditieren. Auf einer Reise nach Nordthailand stirbt ihr junger Geliebter an Drogen. Nach einem Verkehrsunfall kurz darauf kehrt Sylvia Bayer für ein Jahr nach Österreich zurück. Sie arbeitet im Hotel, das mittlerweile ihr Bruder übernommen hat.

1989 reist sie wieder nach Thailand und arbeitet als Gästebetreuerin für ein österreichisches Reisebüro; sie beabsichtigt, sich in Thailand eine berufliche Existenz im Tourismus aufzubauen. 1990 heiratet sie ihren einheimischen Geschäftspartner, der sich als gewalttätig und in kriminelle Geschäfte verwickelt erweist. Regelmäßig begibt sie sich ins Kloster Suan Mokkh, und nach eineinhalb Jahren Ehe lässt sie sich scheiden.

1991 zieht sie ins Kloster Suan Mokkh ihres ersten buddhistischen Lehrers Ajahn Buddhadasa. Noch ist es jedoch nicht ihre Absicht, auf Dauer im Kloster zu leben.

Im Herbst 1992 besucht sie das Kloster Amaravati in der

Nähe von London, das zur Ajahn-Chah-Linie der thailändischen Waldtradition gehört. Nach zehn Monaten Aufenthalt wird sie dort im Juni 1993 zur Anagarika[25] (»Hauslosen«) geweiht. Als Anagarika trägt sie eine weiße Robe und lebt dauerhaft im Kloster. Sie empfängt Schulung und Unterweisungen, ihren Arbeitsbeitrag leistet sie hauptsächlich in der Küche, wo in einem kleinen Team für vierzig bis sechzig Menschen gekocht wird. Die Gemeinschaft in Amaravati ist international, Männer und Frauen aus mehr als zwanzig Ländern leben dort unter der spirituellen Leitung von Ajahn Sumedho, der von Ajahn Chah 1977 nach England gesandt worden ist.

1995 reist sie mit einer Mitschwester aus Amaravati über Australien nach Thailand und später weiter in die USA. In Thailand lebt sie mit Nonnen in verschiedenen Klöstern der Ajahn-Chah-Linie, 1997 kehrt sie nach Amaravati zurück.

1998 wird Sylvia Bayer zur Siladhara[26] ordiniert und erhält von Ajahn Sumedho den Namen Santacitta, was friedvoller Herz-Geist bedeutet. Je länger sie als Teil der Gemeinschaft in Amaravati lebt und trainiert, desto mehr erkennt sie die Beschränkungen, die ihr als Frau dort auferlegt werden.

2002 begegnet sie in Graz bei einer Kalachakra-Zeremonie

25 Anagarika ist die Bezeichnung für eine Person, die sich ganz der buddhistischen Praxis widmen möchte und den größten Teil ihres weltlichen Besitzes und ihrer Verantwortlichkeiten aufgegeben hat. Anagarika ist eine Art Zwischenstadium zwischen Laiin und Nonne, eine Postulantin.

26 Der Siladhara-Orden ist ein neu geschaffener Orden für Frauen in der Linie von Ajahn Chah, denen die volle Ordination, die Bhikkhuni-Ordination, bis dato nicht gewährt wird.

mit Seiner Heiligkeit dem Dalai Lama ihrem Vajrayana-Lehrer Shechen Rabjam Rinpoche, Abt des Shechen-Klosters in Kathmandu und bedeutender Lehrer der Nyingma-Schule des tibetischen Buddhismus.

2004 begibt sich Santacitta auf Pilgerreise nach Indien und Nepal. Sie besucht die buddhistischen Pilgerorte und im Anschluss das Kloster Shechen ihres tibetischen Lehrers. Sie beginnt, sich zunehmend für tibetischen Buddhismus zu interessieren.

2008 reist Santacitta, mittlerweile Lehrnonne (Ajahn) in Amaravati, mit ihrer Mitschwester Anandabodhi in die USA, um die Möglichkeiten für die Errichtung eines Zweigklosters für Frauen zu erkunden. Im Dezember des darauffolgenden Jahres wird Aloka Vihara[27] in San Francisco eröffnet. Ayya Santacitta und Ayya Anandabodhi entscheiden sich, die Linie von Ajahn Chah im April 2011 zu verlassen, und werden im Oktober 2011 in Spirit Rock zu Bhikkhunis ordiniert.

2014 übersiedelt die Gemeinschaft ins Hinterland von San Francisco, in ein Waldgebiet der Sierra Nevada Foothills. Das Aloka-Vihara-Waldkloster wird eröffnet, das Ayya Santacitta und Ayya Anandabodhi gemeinsam leiten. Ayya Santacitta engagiert sich nicht nur für die Ermächtigung von Frauen, sondern auch in der Umweltbewegung. Für ihr Engagement wird sie international dreimal ausgezeichnet.

Aufgrund der zunehmenden Waldbrände in Kalifornien entschließt sich die Aloka-Vihara-Ordensgemeinschaft im

27 Lichtreich des Gewahrseins.

Herbst 2022 zum Verlassen der Liegenschaft im Hinterland von San Francisco. Ayya Santacitta gründet daraufhin in San Rafael, etwa dreißig Kilometer nördlich von San Francisco, Aloka Earth Room, einen zeitgenössischen Tempelraum, in dem buddhistische Lehre, Ökologie und Kunst miteinander verwoben werden. Aloka Earth Room ist inspiriert von Ajahn Buddhadasas Spiritual Theater in Wat Suan Mokkh, Thailand.

Die Bhikkhunis des ehemaligen Aloka-Vihara-Waldklosters gehören keiner der Linien der Theravada-Waldtradition an, die im letzten Jahrhundert von bekannten Mönchen gegründet worden sind. Die Theravada-Bhikkhuni-Gemeinschaften von heute sind noch jung und untereinander gut vernetzt. Möglicherweise wird man in Zukunft über das, was die Bhikkhunis derzeit gemeinsam aufbauen, nicht als Linie, sondern als Kreis sprechen.

Informationen zu den Aktivitäten von Ayya Santacitta:
https://alokavihara.org/deutsch/

Kurzbiographie Irmgard Kirchner

Irmgard Kirchner wurde 1959 in Innsbruck in Tirol geboren. Nach einer Kindheit in einem kleinen Dorf in den Tiroler Bergen zog sie nach der Matura nach Wien, um Kultur- und Sozialanthropologie, damals Völkerkunde genannt, und Psychologie zu studieren. Was sie im Laufe ihres Studiums gelernt hat – zu recherchieren, mit Menschen zu sprechen, zuzuhören und relevante Fragen zu stellen –, hat sie nach dem Studienabschluss zu ihrem lebenslangen Beruf gemacht.

Nach über zwanzigjähriger Tätigkeit als Chefredakteurin des Südwind-Magazins für internationale Politik, Kultur und Entwicklung widmet sie sich bis heute dem Schreiben, wenn sie nicht gerade in ihrem naturbelassenen Garten Insekten und Vögel beobachtet.

Die Bhikkhuni-Ordination in der Theravada-Tradition des Buddhismus

Ein Gespräch von Irmgard Kirchner mit Ute Hüsken, Professorin für Kultur- und Religionsgeschichte Südasiens an der Universität Heidelberg.

Können Sie kurz die Bedeutung der Bhikkhuni-Ordination in der Theravada-Tradition des Buddhismus erklären?

Nach der Tradition hat der historische Buddha selbst den Mönchsorden, den Bhikkhu-Sangha, eingerichtet und ein bisschen später auch den Nonnenorden, den Bhikkhuni-Sangha. Alle buddhistischen Traditionen überliefern das so. Es muss den Bhikkhuni-Sangha über Jahrhunderte gegeben haben. Das wissen wir auf Grund der Texte, auf Grund von Inschriften und auf Grund von externen schriftlichen Dokumenten und Zeugnissen.

Irgendwann ist die Ordinationslinie unterbrochen worden und damit in der Theravada-Tradition der Bhikkhuni-Sangha ausgestorben. Das wird an den unterschiedlichen Orten zu unterschiedlichen Zeiten passiert sein. In Sri Lanka kann man diese Unterbrechung grob auf das 12. Jahrhundert datieren. In Indien dürfte der Bhikkhuni-Sangha auch nicht viel länger überdauert haben. Wir wissen nicht so richtig, warum das passiert ist. Wir wissen nur, dass es passiert ist.

Und diese Tatsache stellt die Theravada-Tradition vor ein Problem. Denn nach der buddhistischen Tradition muss jeder Ordinierte – sei es ein Mönch oder eine Nonne – seine oder ihre eigene Ordinationslinie in der Theorie auf den Buddha selbst zurückführen können.

In der langen Reihe von Ordinationsmüttern und Ordinationsvätern, wenn wir diese Bezeichnung verwenden wollen, muss irgendwann der Buddha gestanden haben. Das bedeutet: Ist eine Ordinationstradition einmal ausgestorben oder unterbrochen, dann ist es zumindest umstritten, ob man sie wieder einrichten kann. Über einige Jahrhunderte dürfte es also keine voll ordinierten Nonnen in der Theravada-Tradition gegeben haben. Jedenfalls keine, von denen wir wissen.

Was bedeutet voll ordiniert?

Es bedeutet, dass jemand, der eine bestimmte Zeremonie durchlaufen hat, von den Mitgliedern eines Ordens als volles Mitglied dieses Ordens angenommen wird. Das beinhaltet unter anderem das Tragen besonderer Kleidung, der sogenannten Roben, in der Theravada-Tradition orange- oder ockerfarben, je nachdem, in welcher Tradition man sich befindet. Es beinhaltet auch, dass die Menschen sich die Haare abscheren. Vor allem nehmen sie es auf sich, das Ordensrecht, also die Regeln zu befolgen, die für buddhistische Mönche und Nonnen der Theravada-Tradition gelten. Aus buddhistischer Sicht ist das auch ein rechtlicher Akt. Man tritt aus der Welt der Menschen, die eine Behausung haben, aus und wird zu jemandem, der oder die hauslos ist. Man hat keine feste Wohnstätte mehr.

Der Prozess der Ordination ist wichtig und folgt bestimmten Regeln. Er ist eine Zeremonie, ein Ritual, man kann es auch eine Initiation nennen. Wenn wir über die Frage nachdenken, ob der Nonnenorden wiedereingerichtet werden kann, spielen diese Regeln eine wichtige Rolle. Sowohl für diejenigen, die für eine Wiedereinrichtung des Bhikkhuni-Sangha sind, als auch für diejenigen, die dagegen sind.

Etliche kanonische Texte, die dem Buddha zugeschrieben werden, sind fast zweieinhalbtausend Jahre alt. Darin gibt es einige Passagen, in denen vorgeschrieben wird, dass die Ordination einer Bhikkhuni zuerst von den Nonnen vollzogen und dann von den Mönchen bestätigt wird. Es braucht also beide Sanghas, damit eine Nonne rechtmäßig ordiniert werden kann. Das ist natürlich in dem Augenblick, in dem es keinen Nonnenorden mehr gibt, schwierig. Das ist für konservative Kreise in und um die Theravada-Orden ein zentrales Argument dafür, keine Nonnen ordinieren zu können, weil es eben keinen Nonnen-Sangha gibt.

Es gibt gegenwärtig voll ordinierte Bhikkhunis, wie haben die es geschafft, ordiniert zu werden?

Diejenigen, die jetzt Bhikkhunis sind, sind es auf sehr unterschiedliche Art und Weise geworden. Eine Art und Weise ist eine andere Auslegung derselben Texte. Die Texte sind fast 2.500 Jahre überliefert worden und sie sind auch von verschiedenen Leuten zusammengestellt worden. An manchen Stellen haben sie sich sicher auch verändert. In den Texten, die die ersten Frauenordinationen beschreiben, sehen wir auch eine

Entwicklung. Die erste ordinierte Frau ist die Ziehmutter des Buddha, Mahapajapati Gotami, die ihren Sohn selbst um die Ordination bittet. Das gewährt er ihr, so die Texte, jedenfalls nach einigen Bitten. Sie wird dadurch ordiniert, dass ihr Sohn, der historische Buddha, sie in den Orden aufnimmt. Dann kommt ihre Gefolgschaft, die 500 Frauen, mit denen sie nach Vaishali gegangen ist, um dort die Ordination durch ihren Sohn zu erlangen. Diese Frauen werden dann durch Mönche ordiniert.

Das heißt also, es gibt durchaus historische Präzedenzfälle, jedenfalls wenn wir den Texten folgen, wo Nonnen nicht von Nonnen und Mönchen ordiniert worden sind, sondern eben nur von Mönchen. Das ist ein wichtiges Argument für diejenigen, die sagen, wir brauchen nicht unbedingt Nonnen zur Ordination, wenn es keine Nonnenorden gibt. Die hat es ja am Anfang auch nicht gegeben.

Welche anderen Wege gab es noch?
Einige der frühen Ordinationen unserer Zeit sind mit Hilfe von Nonnen aus anderen buddhistischen Traditionen erfolgt, mit Nonnen aus der Mahayana-Tradition. Diese Nonnen führen sich natürlich auch auf den Buddha zurück.

Und hier gibt es noch ein weiteres Argument. Im vierten nachchristlichen Jahrhundert ist eine Delegation von Theravada-Nonnen nach China gereist und hat dort die Nonnenordination eingeführt. So kann man argumentieren, dass die chinesische Nonnenordination an sich auch aus Sri Lanka kommt. Deswegen sei es durchaus legitim und rechtlich gültig, wenn chinesische Nonnen jetzt nach Sri Lanka oder in andere Länder des Theravada-Buddhismus kommen und dort bei der Ordination von Frauen mithelfen.

In anderen buddhistischen Traditionen gibt es noch Nonnen mit ungebrochener Traditionslinie?
Ja. In der Mahayana-Tradition, etwa in China und Taiwan, gibt es Nonnen, die aus ihrer Sicht auf eine ununterbrochene Traditionslinie zurückblicken. Ob es in der tibetischen Tradition jemals voll ordinierte Nonnen gegeben hat, daran scheiden sich die Geister. Auf jeden Fall hat es wichtige buddhistische Lehrerinnen gegeben. Ob wir über sie in Entsprechung zu Bhikkhunis als Nonnen sprechen können, ist zumindest fraglich.

Seit wann gibt es in der Theravada-Tradition des Buddhismus Bestrebungen, die Bhikkhuni-Ordination auf dem einen oder anderen Weg wieder einzuführen?
Diese Bestrebungen haben in den 1980er Jahren angefangen und sind dann seit Mitte der 1990er Jahre richtig intensiv geworden. Inzwischen haben wir bereits die zweite und dritte Generation Bhikkhunis. Man kann also mit Fug und Recht sagen, dass der Bhikkhuni-Sangha in der Theravada-Tradition wiedereingerichtet ist. Interessant ist, dass das von Anfang an eine sehr internationale Bewegung gewesen ist.

Es waren sowohl Frauen aus Asien dabei, etwa aus Sri Lanka oder Indien, als auch Frauen aus dem Westen, etwa aus Deutschland oder den USA. Das war eine Bemühung, die über Nationalgrenzen hinausgegangen ist. Was gut ist und was auch

Schwierigkeiten mit sich gebracht hat. Die Traditionen verschiedener Länder sind einfach unterschiedlich. Man musste sich wegen Details auseinandersetzen, aber die Bestrebungen sind auf jeden Fall sehr erfolgreich gewesen. Ich habe den Eindruck, dass die Theravada-Tradition heute sehr viele Frauen anzieht. Inzwischen gibt es eine ganze Reihe von Frauen, die sich von der Mahayana- in die Theravada-Tradition gewissermaßen umordinieren lassen und sich diesen Bhikkhuni-Sanghas anschließen.

Kann man sagen, wie viele Bhikkhunis es im Verhältnis zu den Mönchen, den Bhikkhus, in der Theravada-Tradition gibt?
Ich zumindest kann das bestimmt nicht. Das ist je nach Land ganz unterschiedlich. In Thailand und Myanmar zum Beispiel sind die konservativen Kräfte, die gegen eine Frauenordination sprechen, so stark, dass das bis zu einem Verbot einer Frauenordination reicht. Aber gleichzeitig gibt es in Thailand schon etliche Gruppen von Bhikkhuni-Sanghas, die das leben und praktizieren, die aber im Land selbst nicht ordiniert werden konnten. Die gehen dafür meistens nach Sri Lanka.

Die Zahl der Bhikkhunis wächst. Besonders wichtig ist, dass es inzwischen – vor allem in Sri Lanka – Bildungs- und Ausbildungseinrichtungen für Nonnen gibt. Es wird also auch das Hinführen zur Ordination immer etablierter und immer normaler.

Können Sie den Begriff »konservative Kräfte« etwas präzisieren?
Ich meine damit vor allem Gruppierungen unter Mönchen, die gegen eine Bhikkhuni-Ordination sind. Es gibt aber auch Gegnerschaft unter Laien-Buddhistinnen und Laien-Buddhisten, die den Sangha materiell unterstützen. Ich bezeichne die Ansicht, dass eine Ordination von Frauen nicht erfolgen kann, als eine konservative Meinung.

Aber man muss ganz klar sagen, dass es von Anfang an auch Mönche gegeben hat, die die Bhikkhuni-Ordination unterstützt haben. Manche von ihnen sind sehr prominent und forschen auch wissenschaftlich zu dem Thema. Sie weisen nach, dass die Ordination von Frauen auch ordensrechtlich möglich ist.

Dass es für einen vollständigen Sangha Mönche und Nonnen sowie Laien und Laiinnen braucht, wird von allen Schulen anerkannt. Trotzdem gibt es Orden, wie diejenigen aus der Ajahn-Chah-Linie, die zahlreiche westliche Mönche in Leitungspositionen haben, die immer noch daran festhalten, dass eine Bhikkhuni-Ordination nicht möglich ist. Wo liegt das Problem, die Bhikkhuni-Ordination wiedereinzurichten? Sind da patriarchale Interessen im Spiel?
Das ist sicher unterschiedlich und man muss sich dieses Thema immer individuell anschauen. Aber natürlich ist das Erste, was einem in den Sinn kommt, dass von den Gegnern einer Bhikkhuni-Ordination versucht wird, die Konkurrenzorganisationen gar nicht erst hochkommen zu lassen.

In vielen süd- und südostasiatischen Ländern ist es nicht

notwendigerweise eine freiwillige Entscheidung, Mönch zu werden. Es kann sein, dass eine Familie einen der Söhne in den Orden gibt oder dass eine arme Familie keine andere Möglichkeit sieht. Buddhistische Klöster bieten auch Ausbildung und Versorgung. Sich einem Orden aus Überzeugung anzuschließen, ist in vielen Ländern des Theravada-Buddhismus nicht die Regel, sondern eher die Ausnahme, auch wenn das jetzt vielleicht etwas überspitzt ausgedrückt ist.

Die Nonnen hingegen müssen für ihren Eintritt ins Kloster große Widerstände überwinden, doch so wollen sie wirklich leben. Da steht eine ganz andere innere Haltung dahinter. Nonnen haben üblicherweise einen guten Ruf. Sie nehmen das ernst, was sie tun, weil sie es aus Überzeugung machen. Es gehört zu den Aufgaben von Mönchen und Nonnen, Rituale auszuführen, die lebenszyklische Übergänge begleiten. Da ist es viel angenehmer und beliebter bei den Familien, Ritualspezialisten einzuladen, die das aus vollem Herzen machen.

Daraus entsteht dann eine Konkurrenzsituation?
Ja. Das würde ich auf jeden Fall so sagen.

Sie haben von der mittlerweile zweiten und dritten Generation von Bhikkhunis in der Theravada-Tradition gesprochen. Wo ordnen Sie Ayya Santacitta zu?
Zur ersten Generation, wenn man von der ordensrechtlichen Perspektive darauf schaut. Diese erste Generation hat nicht nur die volle Ordination durchgesetzt. Sie hat sich auch massiv dafür eingesetzt, dass sich der Bhikkhuni-Sangha allgemein

entfalten und wachsen kann. Und das wurde nicht unabhängig vom, sondern in Konformität mit dem Ordensrecht gemacht, um dadurch auch die Zweifler an Bord zu bekommen. Das war und ist nach wie vor ein ganz wichtiges Anliegen und auch der Grund, dass diese Bestrebungen so einen Erfolg haben.

Die erste Generation besteht notwendigerweise aus Frauen, die sich von Widerständen nicht abschrecken lassen. Diese Frauen müssen Führungspersönlichkeiten sein, aber auch viel Charisma haben. Sonst kommt niemand.

Was hat die Wiedereinsetzung der Bhikkhuni-Ordination mit westlichem Feminismus zu tun?

Viele der ersten Theravada-Nonnen, die Bhikkhuni-Ordinationen angeleitet haben, sind Nonnen aus Sri Lanka. Die Bhikkhuni-Sanghas weltweit sind sehr gemischt. Da leben und praktizieren Frauen aus Südostasien, Südasien, mittlerweile auch aus Ostasien und Frauen aus dem Westen gemeinsam. Das als quasi westlichen Feminismus abzutun, ist einfach mal schnell gesagt und schwer widerlegt. Aber das ist tatsächlich nicht so.

Wie in jeder Gruppe gibt es sehr unterschiedliche Menschen und es manifestieren sich sehr unterschiedliche Interessen. Nicht alle Nonnen umarmen sich ständig gegenseitig. Da gibt es auch – und das ist auch gut – interne Auseinandersetzungen, wo das jetzt eigentlich hinführen soll. Will ich jetzt das kopieren, was vor zweieinhalbtausend Jahren im Norden Indiens passiert ist? Wofür will ich das, was ich jetzt hier an Praxis, an Einsicht und an Möglichkeiten habe, nutzen? Da sind die Antworten notwendigerweise sehr unterschiedlich.

37 Qualitäten, die das Erwachen beflügeln (*Bodhipakkhiya-dhamma*)

I. Die Vier Übungsfelder zur Entwicklung von Achtsamkeit *(satipatthāna)*

1. Betrachtung des Körpers (*kāyānupassanā*)
2. Betrachtung der Gefühlstönungen (*vedanānupassanā*)
3. Betrachtung der Geisteszustände (*cittānupassanā*)
4. Betrachtung der Kategorien und Prinzipien der Erfahrung (*dhammānupassanā*)

II. Die Vier Rechten Anstrengungen (*sammā padhāna*)

1. Unaufgestiegene unheilsame Dinge vermeiden (*samvara-padhāna*)
2. Aufgestiegene unheilsame Dinge aufgeben, auflösen (*pahāna-padhāna*)
3. Unaufgestiegene heilsame Dinge ins Leben rufen (*bhāvanā-padhāna*)
4. Aufgestiegene heilsame Dinge festigen, entfalten (*anurakkhana-padhāna*)

III. Die Vier Wege zum Erfolg (*iddhipāda*)

1. Wille, Streben, Absicht (*chanda-iddhipāda*)
2. Energie, Durchhaltevermögen, Mut (*viriya-iddhipāda*)
3. Integration, Erhaltung (*citta-iddhipāda)*

4. Erforschen, Erwägen, Abstimmen (*vimamsa-iddhipāda)*

IV. Die Fünf Fähigkeiten (*indriya*)

1. Vertrauen, Überzeugung (*saddhā*)
2. Energie (*viriya*)
3. Achtsamkeit (*sati*)
4. Sammlung, Stabilität (*samādhi*)
5. Weisheit, Einsicht (*pañña*)

V. Die Fünf Kräfte (*bala*)

1. Vertrauen, Überzeugung (*saddhā*)
2. Energie (*viriya*)
3. Achtsamkeit (*sati*)
4. Sammlung, Stabilität (*samādhi*)
5. Weisheit, Einsicht (*pañña*)

VI. Die Sieben Erwachensfaktoren (*bojjhanga*)

1. Achtsamkeit (*sati-sambojjhanga*)
2. Wirklichkeitsergründung (*dhammavicaya-sambojjhanga*)
3. Energie (*viriya-sambojjhanga*)
4. Freude (*pīti-sambojjhanga*)
5. Ruhe (*passaddhi-sambojjhanga*)
6. Sammlung, Stabilität (*samādhi-sambojjhanga*)
7. Ausgeglichenheit (*upekkhā-sambojjhanga*)

VII. Der Edle Achtfache Pfad (*ariya atthangika-magga*)

1. Rechte Anschauung (*sammā-ditthi*)
2. Rechte Absicht (*sammā-sankappa*)
3. Rechte Rede (*sammā-vācā*
4. Rechtes Handeln (*sammā-kammanta*)
5. Rechter Lebenserwerb (*sammā-ājīva*)
6. Rechte Anstrengung, Bemühung (*sammā-vāyāma)*
7. Rechte Achtsamkeit (*sammā-sati*)
8. Rechte Sammlung (*sammā-samādhi*)

Dank an:

Klaus Kirchner.

Emanuel Aeneas Megersa, Friederike Bayer, Sepp Bayer,
Nikkolo Feuermacher, Ute Hüsken, Gerhard Jäger,
Franziska Kasper, Maria Kirchner, Thomas Kussin,
Eva Maria Ocherbauer, Doris Pust, Stephanie Schmiederer.